ILUMINACIÓN
DE LA CONSTRUCCIÓN

Solange Sudarskis

7

Deambulars masónicos

INDICE

NÓTESE BIEN. Para salvar al lector que desea acceder a referencias de documentación en la web, se han creado enlaces con escritura simplificada mediante teclado con el software *tinyurl.com.*

1 COLMENA, ABEJA, MIEL

La antropomorfización de la colmena, metáfora de un cuerpo social, en este caso eclesiástico, aparece en el ^{siglo XVI.} El clero de la Iglesia difundirá su evangelio, polinizando los corazones y las mentes de las masas, transformando su espiritualidad que se considera una colmena.

Los calvinistas no dejaron de utilizar esta alegoría para burlarse y denunciar el poder papal. Como se ve en el frontispicio de su folleto *The Roman Hive*. La colmena tiene obviamente la forma de la tiara triregular del Papa, como lo demuestran las llaves de San Pedro, pero aquí está rematada por una media luna muy musulmana... Simboliza el poder del rey de las abejas pontífices, su palacio romano hacia en el que convergen las abejas clericales.

A partir del siglo XVII' el símbolo de la colmena se utilizó en un sentido relacionado con la arquitectura y el trabajo.
Basándose en el corpus masónico, artesanos y bordadores utilizaron elementos históricos, sociales o

simbólicos, distintos según la época y el país. En Francia, a finales del siglo XVIII se recurre al simbolismo del Templo, el Directorio al de la egiptomanía en boga (esfinges, pirámides, etc.), el **Imperio al de las abejas o la colmena.**

El símbolo de la colmena que adornaba el color de la *Federación de Compañeros. de todos los Devoirs Réunis* – que representaba a la vez el trabajo de los Compañeros y su lugar de encuentro, en torno a la Madre – era conocido por los compañeros a través de asociaciones de ayuda mutua desde los años 1830-1840.

Vinculada al orden y la autoridad en la organización y estructura de las cosas, la colmena hace referencia a nociones de jerarquía legítima, mando, distribución de roles, regulaciones relativas a una comunidad, espíritu de colaboración. Cada miembro de una comunidad debe realizar su actividad específica y desempeñar su papel particular de acuerdo con su comprensión y medios reales, su misión y su ritmo de evolución. En efecto, el bien del conjunto depende del respeto de los individuos entre sí y del objetivo común, basado en la fraternidad y la solidaridad. Los masones son abejas en la colmena que han elegido. Los ritos/rituales y ceremonias movilizan, canalizan y dirigen la energía colectiva, para trasladar al nivel consciente, las bases sobre las cuales se construyen, estructuran y armonizan las comunidades. " *Podemos ver en la logia un lugar de polinización mutua, cada palabra que allí se intercambia contribuye a una melificación común que promueve el silencio, y cada uno sacará de ello su beneficio único* " [1].

---

[1] *Diccionario tupido de masonería* , Annick Drogou, Jean-Marc Petillot, Numérilivre.

En el ^{siglo XIX,} casi todas las grandes logias de Estados Unidos aprobaron oficialmente las alfombras de la Logia de John Sherer y recomendaron que cada logia subordinada comprara una como material didáctico para que el Venerable Maestro instruyera a los solicitantes. En El Maestro, Sherer ilustra la Iglesia (*colmena*) sostenida por los cuatro pilares del Nuevo Testamento: Mateo, Marcos, Lucas y Juan en *La Alfombra del Maestro*. "La flor debajo de la colmena es un clavel, llamado así por el botánico griego Teofrasto, que significa "flor de Dios". A la izquierda, la colmena está rodeada de cereales y margaritas que simbolizan a San Juan Evangelista. A la derecha, Hipérico representando a San Juan Bautista, acompañada de dos rosas y un capullo de rosa para María Magdalena, la Virgen María y un niño. »[2]

Colmena, así se llama la logia que se divide para permitir la creación de una nueva logia en la misma obediencia, hablamos de enjambre.

La abeja es un símbolo solar. Representa la sabiduría, la inmortalidad y la riqueza. Ella es el vínculo social, la dedicación, el coraje hasta la muerte, el trabajo personificado.

En la Edad Media se hablaba del " canto " de la abeja, un canto verdaderamente sagrado ya que la abeja lleva en sí una partícula de Inteligencia divina. Reunidas en un enjambre o en una colmena, estas miles de piezas están unidas para formar un solo cuerpo, el cuerpo místico de Cristo, cuya cabeza es el rey (la reina). El conjunto es una alegoría de la Iglesia que, según la enseñanza de San

---

[2] < tinyurl.com/tapis-de-maitre >.

Pablo, tiene a Cristo Rey a la cabeza. La comunidad de abejas es, por tanto, un símbolo del retorno a la unidad y la reunificación.

En hebreo, la palabra para abeja dvora o Débora (ה ר ו ב ד) tiene la misma raíz que dabar (דבר), " palabra ", por lo que los cabalistas acercan la abeja y el zumbido a la colmena del Verbo creador. Tenga en cuenta que en hebreo la palabra desierto se escribe " midbar ", con las mismas letras daleth beth y reich como raíces. Con estas mismas raíces, el hebreo escribe, entre otras, las palabras: *dabar* que ciertamente significa palabra, pero también plaga; *dvora,* la abeja y *doberot,* las balsas en las que se trajo madera de cedro del Líbano para construir el templo de Salomón. ¿Qué tienen en común? Es el movimiento, el paso de un punto a otro, el hecho de transmitir.

Cada alma viviente es una abeja que viaja por la vida y recolecta polen de sabiduría de los entornos y experiencias de la vida. " Un antiguo filósofo dijo una vez que la abeja extrae la miel del polen de la flor, mientras que de la misma fuente la araña extrae el veneno. El problema al que nos enfrentamos entonces es : ¿somos abejas o arañas? ¿Convertimos las experiencias de la vida en miel o las convertimos en veneno? Mucha gente se amarga por la experiencia, pero el hombre sabio toma la miel y la convierte en la colmena de su propia naturaleza espiritual [3].

Según Champollion, la abeja era el símbolo de la realeza y el de la inspiración sagrada; la miel representaba la iniciación y los discursos sabios.

---

[3] < tinyurl.com/miel-et-ruche >.

La miel es por tanto símbolo de conocimiento, conocimiento y sabiduría. Es el alimento reservado para el iniciado.

La miel se utiliza para ilustrar enseñanzas morales. Se exhorta al hombre a comer miel y panal (Proverbios ; 24,13), pero se advierte contra el exceso (Proverbios; 25,16 y 27). Era una comparación por la mansedumbre moral (Ezek; 3,3), y por la excelencia de la ley (Sal 19,10), de las palabras agradables (Proverbios; 16,24), y de los labios (Cantar de los cánticos; 4.11), y como figura del amor (Cantar de los Cantares; 5.1).

Esta conexión entre la miel y las palabras justas y amables queda bien ilustrada en el **ritual de adopción** del cachorro de lobo (de al menos 7 años) relatado por Jean Marie Ragon en *Liturgia masónica. Ritual de adopción de cachorros de lobo* desde 1860 [4]: " Les pone **miel sobre los labios:** ¡Que tu boca pronuncie sólo palabras amables, dulces como la miel! ¡ Que la ira y la calumnia nunca lleguen a mancillarla con comentarios inapropiados e insultantes! ¡Que vuestra lengua nunca se utilice para lanzar gritos de dominación o acentos de venganza y desprecio contra vuestros semejantes! Aborrecen las mentiras ". (pág. 13). Se observará que es con vino que se tocan los labios del cachorro menor de 3 años durante el **ritual del bautismo masónico** con exhortaciones similares: El Venerable enciende la antorcha del tercer candelabro, trae el vaso colocado sobre el altar y que **contiene vino,** se lo entrega al padrino, moja en él el dedo índice, que luego coloca **en los labios** del cachorro

---

[4]Jean Marie Ragon , *Liturgia masónica. Ritual de adopción de cachorros* : <tinyurl.com/rituel-adoption>.

y dice: "Que tu boca nunca se contamine con mentiras, sino que tus labios se abran para proclamar en voz alta la verdad; Que tu voz resuene con valentía en la defensa de la desgracia y de la inocencia contra la opresión, que traiga consuelo y paz al corazón de tus semejantes y terror al alma de los malvados [5].

Cuando se dice en el Cantar de los Cantares (4.11): *Miel y leche están debajo de la lengua,* esto puede significar que el lenguaje oculta y luego revela la infinita dulzura y el infinito valor nutritivo del pensamiento espiritual. La miel y la leche son metáforas de la Torá escrita y la Torá oral. Este pensamiento es plenamente humano pero también lleno de Dios cuando respeta su Discreción y nutre su Ley; la leche se llama *h'eleb* porque proviene del *leb* (corazón); es mezclada con miel, nacida de las idas y venidas, del jugo de las flores mezclado con el jugo de otras flores, por una tejedora de dulzura, la abeja llamada en hebreo *débora,* la que teje el *dabar,* la palabra que riega. pensamiento hacia los cielos de los cielos. " De flor en flor, es, entre el Cielo y la Tierra, transmisora de verdades. A través de resinas y pólenes, recoge las historias, las riquezas, los sufrimientos, los perfumes de la Tierra de los que la planta lleva la *huella,* transformando así la colmena en una biblioteca de la naturaleza que alquimia en miel. [6]

La miel era el azúcar de la Antigüedad grecorromana. La tradición griega cuenta que Pitágoras se alimentó de él durante toda su vida. La miel es un alimento celestial que

---

[5] p.40 de un artículo de Mangeant en la revista *Le soleil mystique: revista de la masonería universal* de 1853: <tinyurl.com/bapteme-maconnique>.
[6] Pierre-Olivier Bannwarth: < tinyurl.com/messager-divin >.

tiene el poder de negar la mortalidad, una ambrosía digna de poetas y santos.

Poco después del nacimiento de Platón, sus padres tomaron al bebé y lo colocaron en las laderas del monte Hymettus, abandonándolo momentáneamente mientras sacrificaban por él a los dioses locales. Acercándose al niño que descansaba, las abejas le llenaron la boca de panales de miel para que con razón se pudiera decir de él: "de su lengua brotó una palabra más dulce que la miel". en referencia a Néstor de lenguaje armonioso, Néstor, elocuente orador de Pilos, que dejaba fluir de sus libros palabras dulces como la miel. (Homero, *Ilíada, canto I, verso 249* [7], que describe la sabiduría del viejo Néstor que animó a Agamenón a la paz).

A la miel se le atribuyen poderes conservantes; Este papel encuentra su expresión más fuerte en una técnica de embalsamamiento que consiste en envolver el cadáver en miel y cera. ¿No era el hidromiel de los celtas y de los dioses griegos, elaborado con miel, la bebida de la inmortalidad?

¿No plantea, cariño, la pregunta " **mi El ?"** ", "¿quien es Dios?" ¿Por cambio fonético hacia el hebreo (מי אל) ? **La respuesta quizás esté, en hebreo,** en el valor numérico de la palabra "miel", devach (ד ב ש), que es idéntico (306) al de la palabra " fuego ", haesh (האש) y a la **palabra mujer** : icha (אִשָּׁה)!

---

[7] Homero, *canción de la Ilíada I , verso 249:* <tinyurl.com/Homere-Iliad>.

2 LAS METAMORFOSIS DE LA PIEDRA

Si en el ^{siglo} XVI usábamos la expresión "la piedra a menudo removida por el musgo no es velée» (en el sentido de cubrir), hay que remontarse a la antigua Roma, al ^{siglo} II d.C., para encontrar su origen. Luciano de Samosata habría escrito " *saxum volutum non obducitur musco*" ("la piedra rodada no está cubierta de musgo"). De este proverbio conservaré el siguiente significado : la perseverancia y la estabilidad son elementos de conservación, mientras que la agitación y la inconstancia arruinan y desacreditan a los individuos. ¿No es esta una manera de evocar el compromiso constante al que nos anima la masonería?

En hebreo, la piedra, *Eben,* es una palabra compuesta por las letras alef, beth, sustantivo, (א ב ן). Alef es la letra de la unidad aún no manifestada, de valor 1, es por tanto lo que había antes del comienzo. La letra beth, segunda letra, simboliza la morada, el mundo creado. La letra sustantivo simboliza al hombre. *Eben,* la piedra, significaría: la trascendencia encuentra en la piedra su hogar para revelarse al hombre.

Las piedras tienen nombres muy diferentes según su forma en la cantera y muchos otros según su forma. On entend par «façon» la première forme que reçoit la pierre, lorsqu'elle sort de la carrière pour arriver au chantier, ainsi que celle qu'on lui donne par le secours de l'appareil, selon la place qu'elle doit occuper en el edificio.

Para descubrir los métodos de albañilería, pero especialmente las diferentes formas de las piedras, tan brevemente simplificadas por las palabras piedra en bruto, piedra tallada o cúbica tan apreciadas por la masonería, la lista es tan larga que iremos directamente al notable artículo del volumen 9 de *La Enciclopedia de Diderot y D'Alembert,* bajo el término "Masonería" [8]. En cuanto a la palabra "piedras", es objeto de una erudición insuperable desde las páginas 574 a 603 del volumen duodécimo de esta misma obra [9].

Tenga en cuenta que en hebreo las palabras "monumento" y "ladrillo" tienen el mismo valor gemátrico 107.

La Masonería propone dos grandes corrientes iniciáticas para la perfección del ser: la Masonería caballeresca y la **Masonería de los constructores para la cual, como se podría sospechar, la piedra constituye un símbolo central.**

---

[8] ed . 1751, pág. 809-836: <tinyurl.com/encyclopedie-Diderot-T9>.
[9] < tinyurl.com/encyclopedie-Diderot-T12>.

Antes de centrarnos en las transformaciones del albañil/piedra durante su evolución masónica, examinemos algunas piedras particulares que no son ajenas a la construcción.

La piedra angular

Lapis reprobatus caput anguli, es la piedra desechada, mencionada en el Salmo 118, retomada por los Evangelios y las Epístolas, que la acercan al mismo Cristo: "la piedra que los constructores habían desechado y que se convirtió en piedra angular".
Entre los Antiguos, las piedras angulares de los edificios importantes se colocaban con ceremonias impresionantes. Estos están bien descritos por Tácito en la historia de la reconstrucción de la capital. Después de detallar las ceremonias preliminares que consistieron en una procesión de vírgenes vestales, quienes con capillas de flores cubrían el suelo y lo consagraban con libaciones de agua viva, agrega que después de la solemne oración, Helvidio Prisco, a quien se encomendó el cuidado de reconstruir el Capitolio. le había sido encomendado, "puso su mano sobre las redes que adornaban la piedra angular, y también sobre las cuerdas con las que había de ser arrastrada a su lugar. En ese momento los magistrados, sacerdotes, senadores, caballeros romanos y cierto número de ciudadanos, actuando todos con esfuerzo y demostraciones generales de alegría, agarraron las cuerdas y arrastraron la pesada carga hasta su lugar de destino. Luego arrojaron al horno lingotes de oro y plata y otros metales que nunca habían sido fundidos.
La piedra angular tiene una forma especial y única, que la diferencia de todas las demás. Su uso sólo puede ser comprendido por una categoría especial de

constructores, aquellos que han pasado del cuadrado al compás, del cuadrado a la forma circular.

Se trataba de una piedra en **posición baja,** una piedra que conecta la esquina de dos muros para asegurar su cohesión. Es en este sentido que el texto también lo evoca como fundamento. El avivamiento del Nuevo Testamento va en la misma dirección: Cristo es la piedra angular sobre la que ahora podemos construir un nuevo Templo, esta vez hecho de "piedras vivas". El aprendiz entrante colocado a la cabeza de la columna norte, en esa esquina, participa en la refundación permanente de la masonería.

La piedra angular se convierte en **piedra angular** en el _ **cima de un arco** cuya terminación asegura. Tanto por su forma como por su posición es único en todo el edificio y simboliza el principio del que depende todo. La construcción representa la manifestación, en la que el principio aparece sólo como la consumación última. La primera piedra, o piedra fundamental, puede verse como un reflejo de la última piedra, que es la verdadera piedra angular.

En arquitectura, la finalización de la obra es la piedra angular; en alquimia, es la piedra filosofal. "Sabed que se llama piedra, no porque se parezca a una piedra, sino sólo porque, en virtud de su naturaleza fija, resiste la acción del fuego con el mismo éxito que cualquier otra piedra. En este caso es oro, más puro que el más puro; es fijo e incombustible como una piedra, pero su apariencia es la de un polvo fino, impalpable al tacto, dulce al gusto, fragante al olfato, potencialmente un espíritu muy

penetrante... porque es un espíritu o quintaesencia..
(Eireneo Filaletes, 1664)
La piedra angular sólo puede colocarse desde arriba,
representando así la piedra descendida del cielo.
No confundas piedra angular y piedra fundacional.

La piedra fundamental

El libro apócrifo de Enoc habla de la "piedra que sostiene los rincones de la tierra".

La primera piedra es, estrictamente hablando, un símbolo de los grados superiores. Hace su primera aparición en el Real Arco y es, de hecho, el símbolo más importante de este grado. Pero está tan íntimamente ligado, en su historia legendaria, a la construcción del Templo Salomónico, que debe considerarse parte de una antigua mampostería artesanal.

La Piedra Fundacional tiene una historia legendaria y un significado simbólico propio que difiere de la historia y el significado que pertenecen a otras piedras. La primera piedra es única, se cree que fue una piedra colocada en un momento en los cimientos del Templo de Salomón y luego, durante la construcción del segundo templo, transportada al Lugar Santísimo. Tenía forma de cubo perfecto y tenía inscrito en su cara superior, dentro de un delta o triángulo, el sagrado tetragrámaton o nombre inefable de Dios.

Consulta la aportación esencial de Mackey a la palabra *Piedra de fundación* en su Enciclopedia [10].

---

[10] Albert G. Mackey, *El simbolismo de la masonería* , capítulo XXX, *La piedra fundamental:* <tinyurl.com/pierre-de-fondation>.

La piedra de descarga

En la entrada norte de la catedral de Chartres, el alquimista se sacude sobre una piedra de descarga para dejar atrás el polvo físico o mental. A menudo se encuentra a la entrada de lugares de culto. ¿La apertura de las obras no serviría como piedra de liberación mental ?[11]

La piedra plana

se le llama "piedra metálica".
Este es el valor del óbolo recogido por el baúl de la viuda expresado en kilos, retomando el significado original de *óbolo*. El medio siclo de plata, que era la base del óbolo hebreo, constituía una unidad de peso y aún no una moneda. Es esta idea de peso la que se utiliza para valorar el baúl de la viuda expresado en kilos.
La Piedra Plana no podrá ser utilizada bajo ninguna circunstancia para cubrir gastos de funcionamiento del Lodge. Está destinado a obras solidarias, verdaderos muros del templo de la fraternidad.

Por su simbolismo, el Piedra Se encuentra bajo diferentes nombres que marcan etapas en el progreso anagógico del albañil : piedra en bruto, piedra cúbica, piedra cúbica con punta, punta cúbica con punta sub ascia [12].

---

[11]Vídeo de los Caminos Iniciáticos, la piedra en relieve de la capilla de Calberte: <tinyurl.com/chapelle-Calberte>.
[12] Ver el siguiente capítulo *Sub ascia, bajo el hacha.*

Iluminación de la construcción

Así como en arquitectura la piedra se coloca según su naturaleza y su función, la piedra no se corta ni se coloca de forma estrictamente aislada, sino gracias a un marco, a un plano arquitectónico en el que se organiza su transmisión y su recepción; es este apoyo el que hace posible la construcción. Entendemos así por qué el camino litocéntrico como metáfora principal se impuso naturalmente en la masonería de los constructores. La filosofía moral, que resulta de esto, insiste, en este objetivo de elaborar el ser, en la preponderancia de un enfoque centrado en las representaciones de la privación, las del vacío, estrechamente asociadas a la adaptación de la forma de la piedra, "para cortar tu piedra" siendo la expresión más explícita. Esta parábola lapidaria es didáctica en relación a la expresión "hijos de la viuda". A través de iteraciones metafóricas utilizando el vacío, la piedra, primero una piedra cruda y informe, podrá convertirse en una piedra cúbica, luego en una piedra cúbica con una punta que se abre y revela una estrella llameante en cuyo corazón se encuentra la piedra filosofal.. Para pasar de la piedra en bruto a la piedra labrada es imprescindible la intervención del hombre, su voluntad individual o su deseo. Sin embargo, tal enfoque no es espontáneo, implica tener conciencia de un proyecto global o de una obra a construir.

Tallar una piedra es el primer trabajo que realiza el aprendiz durante su ceremonia de iniciación.
Sin embargo, observemos una paradoja: ¡las piedras reunidas durante la construcción del Templo de Salomón no deberían haber sido cortadas en el lugar ! Esto confirma, si es necesario, que el trabajo de 1er ^{grado} no tiene lugar en el Templo.

Cortar tu piedra significa darle facetas para reflejar mejor la luz.

La piedra cruda

La Biblia prefiere la piedra en bruto a la piedra tallada, se utilizaba principalmente para levantar altares (Josué levantó un altar de piedras que el cincel no tocaba, Josué ; 8,30 y 31). David Lellouche lo explica por el hecho de que "la verdad tenía como símbolo la piedra dura, y la falsedad la piedra blanda que se corta (también dedicada al dios Set)" [13].

La piedra en bruto, que se considera informal porque no tiene dimensiones regulares y matemáticas, se convierte, en cuanto el trabajador la considera, en la ocasión y el lugar del trabajo futuro, es el signo de lo incumplido.

El bloque de hormigón, *perpend esler,* corrupción del *perpend sillar,* está ciertamente en el origen de la piedra en bruto de la masonería especulativa.

Situada al pie del altar o al pie del panel de la logia, en el lado norte, la piedra en bruto, que simboliza al hombre en estado de naturaleza, es la del primer grado. El aprendiz también puede ver, en el lado sur, la piedra cúbica, ideal por el que deberá esforzarse a lo largo de su aprendizaje. Pasar de la piedra en bruto, informe y tosca,

---

[13] pag. 139 a 141 de la obra de Frédéric Portal , Símbolos egipcios comparados con los de los hebreos , 1840 :
<tinyurl.com/symboles-egyptiens-et-hebreux>.

a la piedra cúbica, cortada y perfecta, utilizando herramientas de construcción, parece constituir el objetivo principal del masón, llamado a dominar sus pasiones y someterlas por su voluntad. Al principio, el aprendiz es como una masa informe, llena de desorden y presa del caos interior. Este caos interior es el estado original del mundo según Hesíodo, el estado del mundo antes del orden, antes del cosmos, es a la vez ignorancia e infinito, el apeiron de Anaximandro, el egoísmo contemporáneo.

Al ver la piedra cúbica (ilustración de la portada del libro de Oswald Wirth *La masonería hecha inteligible para sus seguidores*), el iniciado comprende que tendrá que trabajar sobre sí mismo, construirse deconstruyéndose del ego, que tendrá para cortar su piedra. La piedra en bruto contiene el potencial de esta construcción. Para la REAA, [la piedra en bruto es el] producto bruto de la naturaleza, que el arte debe pulir y transformar. Las piedras sin tallar (guijarros, lascas, fragmentos de mármol, etc.), amontonadas en la construcción de los muros, se denominaban *caementum* a diferencia de *quadrata saxa,* piedras talladas [14].
Se trata, en efecto, de realizar un trabajo sobre uno mismo, la realización del Ser, el proceso de individuación, la unificación del ser humano. La unidad de la piedra, escribe Carl Gustav Jung, corresponde a la individuación, a la unificación del ser humano; diríamos que la piedra es una proyección del yo unificado. Cortar la piedra en bruto es suprimir la apariencia para ponerse a disposición del florecimiento del ser.

---

[14] *Glosario de Antigüedades Romanas* escrito por Georges Goyau , 1896: <tinyurl.com/Antiquites-romaines>.

Iluminación de la construcción

El *Ritual de Swedishborg de 1870* explica: "La piedra en bruto es el símbolo de las verdades fundamentales que se encuentran en la base de nuestra naturaleza moral y en las que se basarán posteriormente todas las demás. Éstas son las semillas inculcadas en la mente del niño pequeño con las que, trabajando sobre ellas, se construirá el hombre adulto. La piedra en bruto se puede pulir y cortar porque la verdad se puede refinar, pero nunca se puede esculpir. La escultura lo rompería porque la verdad, como el error, también puede romperse, pero nunca transformarse ni falsificarse. La piedra en bruto o caos humano está sujeta a la acción del martillo (deseo) y del cincel (voluntad). El martillo representa, de hecho, la enorme fuerza inconsciente que la mente debe distribuir en los puntos donde es necesario el esfuerzo. El cincel representa la fuerza organizadora que debe aplicar la mente.

Si los significados dados al aprendiz ya están adquiridos para el compañero, la alquimia le permitirá vislumbrar nuevas maneras de considerar la piedra en bruto.

La piedra en bruto es lo que los alquimistas llaman la materia prima, e insisten en este nombre hasta el punto de traducirlo al latín: *materia prima,* materia primordial, la piedra en bruto es un protolito: "¿Cómo se llama este cuerpo-ahí? – Piedra en bruto, o caos, o illiaste, o hyle. – ¿Es la misma piedra en bruto cuyo símbolo caracteriza nuestros primeros grados? – Sí, es el mismo que trabajan los albañiles para desbastar, y al que buscan quitarle superfluideces; esta piedra en bruto es, por así decirlo, una porción de este primer caos, o masa confusa, pero despreciada por todos" cita a Osward Wirth en *The Hermetic Symbolism,* retomando *The Blazing*

Star Catecismo o instrucción para el grado de Adepto o Sublime y desconocido. Aprendiz de filósofo del barón de Tschoudy.

Una vez cortadas en silencio (las piedras del Templo de Salomón fueron cortadas en las canteras antes de ser entregadas a la obra donde fueron ensambladas a falta de herramientas metálicas); el Masón podrá reunirse a través de su verdad con las demás piedras que son los miembros de la Masonería y, más allá, con toda la humanidad.

La piedra en bruto se coloca en el lado norte del aprendiz. **No olvidemos que la piedra en bruto se denomina "bloque capaz", lo que indica que el reclutamiento de una "piedra en bruto" en FM debe verificar las potencialidades del candidato masón.** Llamamos "muerta" a una piedra tallada que, dañada o de tamaño incorrecto, resulta inadecuada para el uso previsto.

La piedra cúbica

Es el hexaedro regular, la obra maestra que el aprendiz debe crear. Es necesariamente la forma más simple y, por tanto, la más armoniosa: es aquella en la que todos los elementos son iguales entre sí y están dispuestos de manera similar. Es el cubo, elemento básico de toda arquitectura, la primera forma de piedras sagradas.
Al igual que el tamaño de la piedra en bruto, la piedra cúbica está íntimamente ligada al simbolismo de las Herramientas y particularmente al de la escuadra, el cincel y la regla. En el palco, ella se encuentra en las gradas del altar de los juramentos, en el lado sur de la columna. La piedra cúbica es a la vez una forma de

piedra tallada y una figura geométrica, el cubo, que permite especulaciones numerológicas (Jules Boucher) y comentarios analógicos de carácter moral (Ragon). Para estos últimos, la piedra cúbica simboliza el progreso que deben realizar los compañeros: el sólido más perfecto, es "la piedra angular del Templo inmaterial elevado a la filosofía y el emblema del alma que aspira a ascender a su fuente".

En sus manuscritos teosóficos del siglo XVIII, el hermano François-Nicolas Noël muestra cómo la geometría plana bidimensional revela las tres dimensiones (largo, ancho, espesor), utilizadas según un enfoque simbólico, que permiten superar las discontinuidades de la mundo aparente, profano, y pasar, por ejemplo, del círculo al cuadrado, uniendo puntos de contacto de círculos entrelazados para dar la forma de la [doble] piedra cúbica. O más simplemente, pasar del hexágono al diamante (el rombo) y a la piedra cúbica [15].

En el **RER** los cuatro ángulos superiores de la piedra cúbica representan la universalidad de la Orden y las cuatro partes del mundo en las que se extiende, los cuatro ángulos inferiores, las cuatro virtudes que son la base de la Orden.
Convertida en piedra cúbica, la compañera se ofrece a todas las exhibiciones intelectuales y espirituales, pudiendo cada una de sus caras representar las 6 orientaciones del universo, Este, Oeste, Norte, Sur, Cenit y Nadir. La piedra cúbica es una forma de ser para

---

[15] François-Nicolas Noël, *Manuscritos Teosóficos* : <tinyurl.com/manuscrits-theosophiques>.

ensamblar con otras piedras que no sólo son masones sino todos los hombres y mujeres.

Cada cara, cada ángulo, cada arista es idéntica a las demás, como hombres en fraternidad.

Hay 3 lados ocultos cuando se mira una piedra cúbica. Es con la palanca que el albañil puede hacer aparecer el de abajo.

Al desplegar la piedra cúbica se abre la *cruz*.

La piedra cúbica puntiaguda

La piedra cúbica puntiaguda sólo se encuentra en el antiguo y aceptado rito escocés y en el rito francés. Rito Tradicional Francés 1783, 1786 y Regulador 1801. La mayoría de los demás ritos, los ritos anglosajones, el Rito Francés Groussier entre otros, lo ignoran por completo.

La piedra tallada es obra humana, cúbica es femenina, cónica es masculina. La piedra cúbica puntiaguda da testimonio de la alianza entre lo dinámico y lo estático.

La piedra cúbica puntiaguda se presenta en la nota a pie de página 66 del *Precious Recueil de la Maçonnerie Adonhiramite, que contiene los catecismos...* de Louis Guillemain de Saint-Victor en 1789 como símbolo de conocimiento y moralidad: "los mismos filósofos que compararon al aprendiz con un tosco piedra, luego comparó a la compañera con una piedra cúbica en una pirámide, de modo que contenía todos los números sagrados ; es decir, unidad, cinco, cuatro, tres por tres, y por tanto nueve: además para cortar esta piedra es necesario utilizar el compás, la escuadra, el nivel, la línea de plomo; y como todos estos instrumentos son los símbolos de las ciencias y las virtudes, y como estos fueron los medios que estos filósofos utilizaron para hacer lo que llamamos un Compañero, pudieron hacer sin error esta comparación moral. "Las herramientas no significan más que cuidado y deseo " [16].

Dentro de su volumen, la piedra cúbica contiene el piramidión que le permite convertirse en una piedra cúbica puntiaguda. La forma de cada cara está inscrita en un pentágono al que le falta un quinto tetraedro. Este vacío permite que el piramidión se esconda en la piedra cúbica. El piramidión se extrae del interior de la piedra cúbica; el vacío interior así producido se llena cuando lo de abajo es como lo de arriba. La palanca se puede utilizar para extraer el piramidión del interior de la piedra cúbica. Es dentro de la materia que estamos conectados con el universo. A través de una inversión el masón provoca un cambio de ser eligiendo continuar en la materialidad o elevarse hacia la espiritualidad. "Como un bloque en bruto e inacabado, el hombre es extraído de la cantera y, gracias al cultivo secreto de los misterios, se transforma en una verdadera y perfecta corona piramidal".

Pinturas de la logia del siglo XVIII muestran claramente que cualquier recorrido iniciático corresponde a la transformación de la piedra en bruto en piedra cúbica puntiaguda. Esta imagen del ascenso hacia la

---

[16] Louis Guillemain de Saint-Victor, *Preciosa colección de mampostería adonhiramita, que contiene los catecismos ...* <tinyurl.com/Masonry-Adonhiramite>.

trascendencia se corresponde también con la búsqueda de la piedra filosofal.

Para René Guénon, la transformación de "piedra en bruto" en "piedra cúbica" representa la elaboración que debe sufrir la individualidad ordinaria para volverse capaz de servir de "soporte" o "base" para la realización iniciática; la "piedra cúbica puntiaguda" representa la adición efectiva a esta individualidad de un principio de orden supraindividual, que constituye la realización iniciática misma, que además puede considerarse de manera análoga y, en consecuencia, representarse por el mismo símbolo en sus diferentes grados. éstas se obtienen siempre mediante operaciones correspondientes entre sí, aunque a diferentes niveles, como el "trabajo blanco" y el "trabajo rojo" de los alquimistas [17].

Esta interpretación también podría considerar que el piramidión se agrega a la piedra cúbica para representar el hecho de que no sólo hay que cortar la propia piedra sino que también hay que añadirle a través del trabajo, escuchando a los demás, lo que completa nuestro ser para su perfeccionamiento.

La parte superior de la piedra cúbica puntiaguda es comparable a un omphalos, una representación visible y concreta del centro del mundo, de una apertura a lo divino, quintaesencia del ser, punto de encuentro de lo manifestado y lo inmanifestado como un *eje mundi*. El concepto de montaña cósmica expresa específicamente esta idea de omphalos, el tema de la centralidad muy

---

[17] René Guénon, nota al pie 191, *La Grande Triade* : <tinyurl.com/La-Grande-Triade>.

característico del Monte Sión. Lo importante es siempre central. Esto es lo que los mapas del mundo medievales expresaban visualmente al equiparar a Jerusalén con el centro del mundo.

La extracción de la parte material da paso al contacto con el mundo del espíritu. En otras palabras, habiendo encontrado el centro de su ser, el iniciado eleva ese centro hacia la trascendencia para hacerlo emerger de la piedra cúbica.

La punta invertida, en el interior, del piramidión, indica el centro de la piedra. El masón trabaja en el centro dejando la pesadez y los rumores de la vida en la periferia. Uno de los secretos de los constructores sería moler la piedra para intentar convertirla en un "diamante", hasta encontrar el centro. Este centro que, bajo otra formulación y por simple antimetábol del lenguaje codificado de los alquimistas, es lo que el simbolismo llama "la Piedra Oculta" del VITRIOL, indicando que en realidad la búsqueda consiste en buscar lo que se esconde en la piedra.

Jean-Marie Ragon en su *Curso filosófico e interpretativo de todas las iniciaciones antiguas y modernas* de 1841 escribe: "Sólo en el rito francés se habla más ampliamente de la piedra cúbica [puntiaguda], una de cuyas caras presenta, en forma de división de ochenta y un recuadros, las palabras de los cinco primeros grados; y el capitel, compuesto de dieciséis cajas triangulares, que juntas forman un gran triángulo, o delta, emblema de la Divinidad, contiene la palabra sagrada del presente grado. Presenta bajo los números 3, 5, 7, 9, 42, consagrados en todas las religiones y bajo las figuras geométricas triángulo, círculo, cuadrado, que gustan a los iniciados de Menfis, los atributos de la inteligencia suprema, las grandes divisiones y las operaciones de la naturaleza, los principios de las ciencias, las artes y la religión natural.

En 1863 se publicó *La rama dorada de Eleusis,* escrita por Étienne Marconis de Négre, quien también dio explicaciones sobre esta piedra -a la que se hace referencia en el texto angular-, considerándola esencial en la masonería y una de cuyas caras es una obra maestra [18].

En el grado 13 de la AASR, esta piedra cúbica es descubierta por Guibulum, Stolkin y Johaben, los Caballeros del Royale Arche, en una bóveda secreta, en medio de un pedestal, y "cubierta con una piedra de ágata tallada en forma cuadrangular"., en la que estaba grabada en la cara superior la palabra sustituida, en la cara inferior todas las palabras secretas de la Masonería y en las cuatro caras las combinaciones cúbicas de sus números, lo que hizo que se la llamara piedra cúbica. Así lo relata el hermano Chéreau en su texto Explicación de la cruz filosófica y de la piedra cúbica [19].

Para los egipcios, la pirámide constituía la escalera que permitía al difunto faraón subir hasta el dios Re, para unirse al Principio. La pirámide material debía ser completada por una pirámide espiritual invisible, una extensión de los cuatro bordes hacia el cielo, y también por una pirámide subterránea que la unía a la Tierra y formaba con la primera la manifestación del octaedro.

---

[18]Étienne Marconis de Négre, *La rama dorada* :
<tinyurl.com/RameauDorDEleusis>.
[19]Piedra cúbica del grado 13: <academia.edu/8833872>.

¿Y si todo esto fuera sólo especulación ?

Jean-Michel Mathonière, ensayista e historiador de la compañía y, más concretamente, especialista en los Compagnons picapedreros, nos ofrece un enfoque completamente diferente. "La perspectiva está omnipresente en los tratados de la primera mitad del siglo XVII, y sabemos hasta qué punto tiene una dimensión simbólica. Lo mismo ocurre con todo lo que concierne a la proyección de sombras por la luz, ya se trate de la puesta en escena de la arquitectura o de la gnomónica. Así, para él, la piedra cúbica con punta es virtual y no sería más que la proyección de la piedra cúbica sobre la piedra en bruto (la que se va a tallar) en el arte de la estereotomía. Es del Tratado de Abraham Bosse (1647), donde vemos figuras claves de la teoría de la perspectiva ocular, que habría tenido su origen la piedra cúbica puntiaguda, símbolo de este secreto distorsionado en la masonería.

De hecho, la piedra cúbica puntiaguda que adorna la Mesa de la Logia en el Rito Tradicional Francés y en la REAA no es una piedra, explica Jean-Michel Mathonière. Este es un error entre los especuladores. Los descubrimientos que se han realizado muestran una simple proyección de sombras que encontramos en los Tratados de Perspectiva del siglo XVI. y siglos XVII. Por tanto, no se trata de un volumen sólido, sino de aristas. ¡Es la proyección de luz (divina en este caso) desde un octaedro (aire) lo que da una piedra cúbica con una punta! Esta proyección de luz fue considerada por los operarios como divina, al igual que la "proyección divina" que traza una perpendicular desde la punta de la piedra hasta su base, excepto que los operarios terminaban su línea en el centro de la piedra usando una estrella. Los especuladores han retomado esta perpendicular sin conocer su verdadero significado, ¡porque el final de esta perpendicular en el centro de la piedra es un punto de fuga!

Esta divina perpendicular es, de hecho, una característica de la perspectiva que encontraremos representada en los tratados sobre perspectiva de mediados del siglo XVII, en particular en el de Vignole, pero también en *Le livre de l'Architecture* de Philibert de l'Orme y en tratados sobre perspectivas y estereotomía, como los de Abraham Bosse (lámina 3 en *Manière Universelle de Mr Desargues, pour Practice la outlook par petit-pied like the geometral,* 1648) o de Giraud Desargues. Una prueba más de que esta piedra cúbica puntiaguda no es un volumen, sino una serie de puntos de fuga (en el suelo, proyección de sombras) [20].

Si consideramos atentamente la forma de una piedra cúbica tanto en planta como en su volumen, es decir mediante un dibujo en perspectiva, nos damos cuenta de que, por la sombra que crea, la luz, hace aparecer la piedra cúbica puntiaguda.

Sin embargo, surge una pregunta: ¿ **es necesario cortar la piedra para adecuarla al uso al que está destinada?** ¿ La piedra en bruto no es capaz, en su singularidad, su rugosidad y su opacidad, de encontrar un lugar en el edificio, aunque sólo sea juntándola con las otras piedras? ¿Debemos necesariamente darle otro aspecto, homogeneizarlo, uniformarlo para insertarlo en el diseño colectivo de la construcción del templo de la

---

[20] Vídeo Jean-Michel Mathonière: <tinyurl.com/conference-Mathoniere>.

humanidad ? Al hacerlo, ¿no corremos el riesgo de quitarle lo que lo hace bello u original?

La respuesta: **¿y si no se tratara de cortar TU piedra para transformarte sino de pasar del trabajo de descubrir la piedra en bruto al trabajo sobre la piedra cúbica? Es hacer crecer la piedra cúbica que ya está dentro de uno mismo para llenar las "gotas del ego" con la consistencia de ser fraterno y espiritual.**

Si cortar **una** piedra es una sustracción, cortar **la propia** piedra sería en sí mismo un reemplazo de lo que uno renuncia para acoger la ampliación de una conciencia más despierta y más espiritual hasta que su forma reemplace a la piedra en bruto. Un ser humano es un tesoro enterrado en una jaula de prejuicios históricos, marcada por su familia, su sociedad, su cultura, su historia. Por eso es apropiado pensar que quien corta su piedra no está ni en renuncia ni en abnegación de lo que es. Está en la conversión de su ser, logrando así descubrir lo que se esconde en su interior para hacer resonar, en su conciencia, el eco de la unidad del espíritu y la materia. Como en el pensamiento de Jung, se trata de integrar las polaridades en el crecimiento espiritual mediante una energía que empuja hacia esta plenitud de la forma y que podemos llamar amor[21]. Entonces, iluminada por el amor, la piedra cúbica se convierte en una piedra cúbica puntiaguda.

"Debes convertirte en el hombre que eres. Haz lo que sólo tú puedes hacer. Conviértete constantemente en quien eres, sé maestro y escultor de ti mismo", podría

---

[21]Vídeo, Eric De Lucca: <tinyurl.com/la-chute-comme-experience>.

haber escrito Friedrich Wilhelm Nietzsche (*Ecce Homo,* 1888, cuyo subtítulo es: "Cómo uno llega a ser lo que uno es" (wie man is, was man ist).

Iluminación de la construcción

3 SUB ASCIA, BAJO EL HACHA.

De 1740 a 1750, en las mesas de las logias francesas, **se coloca la** piedra cúbica puntiaguda, ***sub ascia,*** **para indicar su carácter sagrado.**

A veces se ha comparado la ascia con la azuela egipcia. Se llama azuela cuando el mango es largo y ascia cuando el mango es corto. El *Diccionario Gaffiot* da la traducción de "adze", "llana" o "martillo de picapedrero [22]".

Los romanos dieron el nombre de ascia *a* un instrumento cuyo hierro puede actuar en un plano paralelo a aquel en el que se encuentra el trabajador (el hacha corta en un plano perpendicular). Encontramos este símbolo, así como la inscripción *sub ascia,* grabada en tumbas antiguas, especialmente en los alrededores de Lyon [23].

Esto ha dado lugar a muchas interpretaciones. Observamos que la ascia podría considerarse como un símbolo (de hecho, una cruz, *crux dissimulata*) utilizado para marcar las tumbas por los cristianos en el momento de la persecución, como lo menciona el Sr. Sansas en su

---

[22] < tinyurl.com/gaffiot-ascia >.
[23] Couchoud Paul-Louis, Audin Amable. *Requiem aeternam... La ascia, instrumento y símbolo del entierro. En: Revue de l'histoire des religions* , volumen 142, n°1, 1952. p. 36-66: <tinyurl.com/symbol-ascia>.

comunicación, *Simbolismo de la ascia,* conservada en las *Actas. de la Academia Imperial de Burdeos* de 1866 [24].

Se trata, pues, de una alegoría esencialmente cristiana que puede significar: "reformad vuestras costumbres, eliminad vuestros vicios, convertíos así en hombres nuevos, puros de toda contaminación como la madera y la piedra pulidas por la ascia". La analogía moral con la **piedra cúbica con punta** *sub ascia* para los masones del siglo XVIII. es innegable. Así, se podría decir que la piedra cúbica está consagrada por ascia, *sub ascia dedicavit,* por la fe cristiana.

que un martillo bretted, *Broked mall,* que leemos en el *manuscrito Chetwode Crawley,* es el origen del instrumento parecido a un hacha que aparece en las pinturas de las logias francesas del siglo XVIII, junto con la piedra cúbica puntiaguda; también podría tratarse de la corrupción de *urnall brochada,* palabra que designaría la propia piedra cúbica puntiaguda.

Para Jules Boucher, la piedra se encuentra debajo del Hacha para indicar su carácter sagrado. La Pirámide la protege del Agua, como el Hacha la protege del Fuego o del Rayo, de ahí un simbolismo moral. La piedra debe defenderse contra el Agua (fuerzas disolventes) y el Fuego (fuerzas demasiado sublimantes).

Para Irène Mainguy, el hacha situada en la cima del piramidión, similar a un rayo, sacaría el espíritu de la materia. Este hacha penetra la parte superior de la piedra. indicaría que la piedra ha alcanzado el final de la belleza y

---

[24]De la pág. 409: <tinyurl.com/symbolisme-ascia>.

la perfección. Esto significaría que la Piedra, después de haber sido despojada de sus asperezas por el Cincel y el Mazo, representaría la culminación de la obra cuando esté coronada por las cuatro caras del piramidión, eje de conexión entre lo terrestre y lo celeste..

Para Guénon, el hacha aquí no es otra cosa que el jeroglífico de la letra hebrea qoph (ק). El significado general atribuido a la letra hebrea qoph, o a la letra árabe qâf, es el de "fuerza" o "poder" (en árabe qowah), que puede ser de naturaleza material o espiritual.

Esta piedra representa el ideal masónico que debe ser defendido constantemente contra el agua y el fuego [como las columnas antidiluvianas descubiertas por Pitágoras y Hermes]; el primero representa las fuerzas disolventes, el segundo las fuerzas demasiado sublimantes". El masón debe encontrarse en un punto medio entre seguridad y rectitud.

Justificando que esta piedra es una de las joyas inmóviles, Jules Boucher nos explica su valor propedéutico: "La piedra colocada debajo del hacha para indicar su carácter sagrado, permanece cúbica aunque coronada por una pirámide que la protege del agua, como protege el hacha. del fuego (relámpago). Para el adepto, el significado de este símbolo es el mismo que el de la espada, el puñal o el martillo; estas armas blancas designan las lágrimas plateadas de sal blanca (pequeñas gotas) que cortan la materia.

Rabi Zied Odnil (François Lindo-Diez) nos cuenta que el hacha se coloca sobre el piramidión para invitarnos a partir con una punta la parte superior de la piedra cúbica (Oswald Wirth escribió : la piedra cúbica cortada por un hacha,… sin duda indica que 'hay que abrir la Piedra, partirla para llegar a su contenido, a su esoterismo). La estrella resplandeciente aparece en los huecos de los tetraedros invertidos; es el vacío, lo invisible lo que muestra la forma. Son los sucesivos vacíos, lo invisible cuestionado, los que han demostrado que la estrella llameante está en gestación en la piedra en bruto. En su corazón se encuentra la piedra filosofal.

El lenguaje de los pájaros nos permite recordar, para el hacha, la "H" que es el espíritu de los alquimistas. El alquimista Patrick Burensteinas y Georges Combes lo demuestran magistralmente en sus películas *El viaje alquímico,* de las que aquí tenéis el extracto donde aparece la estrella de 5 puntas [25].

Es posible que la acacia masónica no sea un árbol como se suele mencionar. Esta podría ser la *deformidad de la ascia.* Como se habría utilizado para tallar estelas funerarias, *asciare* tendría el significado principal: dedicar la tumba aplanando el bloque funerario con ascia. Su segundo significado simbólico podría ser "sellar una tumba bajo la ascia para darle un carácter inviolable". Así, la palabra distorsionada acacia sería una herramienta con una dimensión simbólica, intercambiada en *el Manuscript Masonery Dissected* (1730) de Prichard por "cassia" [26].

Se dice, de Atenea (Palas), emergiendo del cerebro de Zeus (Júpiter) cortado por Hefesto (Vulcano), que

---

[25] Vídeo, Patrick Burensteinas: <tinyurl.com/etoile-aléglise >.
[26] Este tema está desarrollado en el Folleto de Colección: *Luces hacia la cámara media* de la *Colección Vagabondages Masónicos.*

representa a la diosa que preside la sabiduría y con razón se dice que nace del cerebro donde está el asiento de la sabiduría.

Iluminación de la construcción

4 LA PROHIBICIÓN DEL HIERRO

Una tradición basada en creencias religiosas hizo que el Tíber sólo quisiera sostener un puente, el puente Sublicius; Todavía era necesario evitar el uso del hierro, metal que se consideraba profanador de lugares sagrados. Cuando fue reparado, o cuando fue remodelado, hubo que hacer todo tipo de sacrificios en ambas orillas y en el propio puente, presididos por los pontífices, que incluso tomaron su nombre del mismo [27].

En sus instrucciones masónicas, el pastor Anderson retoma el texto de I Reyes; 6, 7 donde se dice que cuando construyeron la casa (Templo de Salomón), usaron piedras ya hechas y ni martillo, ni hacha, ni instrumento alguno de hierro se escuchó en la casa mientras la construíamos.

Así mismo está escrito en el Éxodo; 20,21 : "Sin embargo, si me construyes un altar de piedras, no lo hagas de piedras labradas; porque tocándolos con hierro los habéis profanado.

---

[27] Revue des Traditions Populaire, 1891, p.129: <tinyurl.com/rites-de-construction>.

Esta prohibición es descrita por Maimónides en las *Leyes de la Casa de los Elegidos* : las losas del Heikhal y del Azarah que han resultado rayadas -o desconchadas- no son aptas para el culto: no pueden ser reasignadas a usos profanos y deben ser enterradas. Son impuras como se dice "porque pusiste sobre ellas tu espada y las profanaste". Era una ley muy estricta hasta el punto de que cualquiera que utilizara una piedra trabajada con hierro para la construcción del Altar o la Rampa podía ser castigado con azotes. Las precauciones eran tales que cuando se enyesaba el Altar dos veces al año, en el período previo a Pesaj y Sucot, se alisaba con tela y no con una paleta de metal, para que no erosionara la piedra y la dejara inservible [28].

Sin embargo, esta dimensión metalúrgica se ve confirmada por la sobreabundancia de metales en la construcción del Templo de Jerusalén, oro en particular, y en la persona de Hiram que era fundidor [29].

Los rabinos Rashi y Najmánides, por su parte, explican: la herramienta forjada en hierro es símbolo de destrucción, mientras que el altar prolonga la vida.

El altar es un símbolo de reconciliación entre Dios y el hombre, pero la herramienta de hierro es un símbolo de desunión y separación.

En hebreo, hierro, barzel (ברזל), es el acróstico de los nombres de las esposas de Jacob (Bila, Raquel, Zilpa y

---

28Capítulo 1, *El Templo, La Historia, su perfección* , Versículo 16: <tinyurl.com/Maimonides-lois>.

[29]La tribu de Neftalí de la que procede es la de los herreros (1Re ;7,14). "Su padre era tirio , un trabajador del cobre; él mismo estaba lleno de talento e industria, experto en todos los trabajos del cobre. Fue al rey Salomón y ejecutó todos sus trabajos [en metal] .

Lea) que dieron origen a las doce tribus de **Israel.** Debido a que nacieron de 4 madres diferentes y opuestas (amas y sirvientas), los doce hijos de Jacob sólo experimentarán unidad fraternal cuando se establezca la igualdad entre sus madres genitoras. La unidad entre las 12 tribus de Israel, condición esencial para el advenimiento de Mashia'h, explica por qué se autorizará, en el tercer y último Templo, a utilizar un material previamente prohibido.

Las instrucciones inglesas del siglo XVIII dan una razón para ello: era la mejor manera de mostrar el ingenio de la albañilería de aquella época, porque estos materiales se preparaban a una distancia tan grande que, una vez ensamblados, encajaban tan perfectamente que uno habría dijo la obra del Gran Arquitecto del Universo más que la de un mortal.

A finales del siglo XVIII, las instrucciones proponen otra interpretación: para que el Templo no sea contaminado existe esta prohibición que se refiere al Éxodo ;20,22 al 25 y a Josué;8,30,31. Los rituales escoceses han conservado esta versión. Como los filisteos, después de la invasión de Judea, habían asumido el monopolio del hierro, impidiendo a los hebreos fabricar armas metálicas, por odio, estos últimos consideraban que trabajar el hierro equivalía a fabricar un ídolo y pasar una herramienta de hierro por encima. un objeto sagrado equivalía a profanarlo.

Los rituales masónicos retoman la prohibición del hierro con la expresión "dejar los metales en la puerta del Templo" [30].

En el momento de la iniciación, el profano queda efectivamente separado de cualquier objeto metálico que pudiera haber llevado encima. La alegoría retoma sin duda las proposiciones anteriores desarrollándolas hasta explicar que los metales son todo aquello que puede, en nombre de la tolerancia, dividir, violar, ofender las conciencias de los hermanos (y hermanas) reunidos en una logia. La confianza depositada en el nuevo iniciado para dominar esta violencia está marcada por el hecho de que sus metales le son devueltos al final de la ceremonia iniciática.

Los esoteristas consideran que la presencia del metal sobre el impetrante "obstaculiza la circulación de las corrientes [vibraciones] de modo que el acto "mágico" de la iniciación se realiza mediante el encuentro de fuerzas, una pasiva que emana de lo material, la otra activa [y espiritual] dispensado por el Venerable a través de su espada de fuego [31].

Entonces, ¿qué me dirías sobre llevar una espada?

En las revelaciones masónicas francesas más antiguas, impresas en 1744, se especificaba explícitamente que, en el marco ideal de la Logia, y durante la época de sus Conjuntos, todos los Hermanos se volvían iguales y la igualdad era elegida "por arriba". Considerados todos los

---

[30] *El Manuscrito Graham* ya mencionaba esta prohibición del hierro. Nota 19: <tinyurl.com/interdiction-du-fer>.

[31] Vídeo, Jean-Jacques Gabut, *Los caminos iniciáticos* : <tinyurl.com/depuoillement-des-metaux>.

Hermanos caballeros, todos fueron llamados a portar la espada, fueran nobles o no "fuera". Todo el mundo fue anunciado en el ^{siglo XVIII.} "caballero" (que vale dos grados de nobleza) excepto los sirvientes anunciados como "particulares" [32]. Por eso, en la logia, los burgueses podían, a partir de entonces, llevar la espada (reservada a los nobles) y no se privaban de ella.

Sin embargo, luego se hizo difícil realizar la prueba de iniciación con una espada al costado, a riesgo de ver un candelabro en llamas empujado por la espada del candidato cegado por la venda. Conocemos el miedo de los ingleses al fuego desde el gran incendio de la City de Londres en 1666. Sería por ello que se habría inventado el simbolismo de "dejar metales en la puerta del templo", justificando la privación de la espada, entre otros.

Los grabados masónicos del ^{siglo XVIII} también son elocuentes sobre este tema, mostrando que la espada no se usaba en las iniciaciones de primer grado sino que se conservaba en otros grados [33].

Entonces, ¿no deberíamos considerar que la expresión "dejar los metales en la puerta del Templo" se referiría sólo a la ceremonia iniciática?

¡Por lo tanto, no debe confundirse con la expresión "abandonar al viejo"!

---

[32] Atribuido a Gabanon, *Nuevo catecismo de los masones que contiene...* , fechado en 1440 desde el Diluvio, con aprobación y privilegio del rey Salomón, p. 46: <tinyurl.com/noblesse-du-franc-macon>.

[33] Grabados de Thomas Palser: <tinyurl.com/gravure-initiation>.

5 DE TEMPLO EN TEMPLO, DE TEMPLO A TEMPLOS MASÓNICOS

Templum significaba el sector del cielo observado por el augurio que delimitaba así una superficie bien definida. Luego la palabra designaba el lugar (o edificio) desde donde se realizaba la observación del cielo.

etimología indoeuropea (griego τεμνω) que significa cortar. El tiempo es en realidad un corte (un espacio) de duración; el templo era en las antiguas sociedades occidentales, un corte (claro natural o trabajado) en el bosque, donde se celebraban rituales sagrados; esta copa correspondía a una división demarcada mediante un palo o cetro; una forma de separar un espacio y un momento del mundo natural, a través de un proceso de sacralización. La palabra templo deriva, más probablemente, de la raíz sánscrita *temp* (extensión, espacio) que dio lugar al latín *templum,* un espacio confinado normalmente dibujado en el espacio por el bastón del *augur* o *aruspicio,* un sacerdote que interpreta los presagios (representados por signos naturales). fenómenos como el vuelo de los pájaros, la lectura de los órganos de los animales sacrificados, etc.) y predijo el futuro. De ahí el término latino contemplor (*contemplar*), mirar al cielo, posiblemente en busca de augurios. Se trata por tanto de un volumen de espacio abierto entre el cielo y la tierra, de ahí una de las razones que explican que el techo del templo masónico sea estrellado.

Por tanto, el templo se entiende aquí en el sentido más amplio como el centro del mundo, distribuyendo el espacio entre las esferas de lo sagrado y lo profano, y como una construcción que representa el viaje iniciático del hombre. Pero un lugar privilegiado lo ocupa el Templo de Salomón, arquetipo del lugar sagrado tomado como modelo en toda la civilización judeocristiana, y cuyo simbolismo aún hoy utiliza la masonería.

El templo se puede considerar desde varios ángulos, cabe apreciar como:

Ubicación secreta. El templo egipcio, rodeado por un recinto que prohíbe el acceso al edificio a los laicos, no es comparable a una iglesia donde el público y los fieles son libremente admitidos. El templo alberga el poder creativo que organiza los mundos. Esta energía sólo puede ser abordada por especialistas con el faraón a la cabeza. Por eso la estructura del templo es un eje que parte del exterior, de la luz aparente, para llegar al corazón del santuario, sede de la luz secreta, la de lo divino. El poder divino no se limita sólo al Cielo o al más allá. Su presencia también se manifiesta en la Tierra entre los humanos. Los templos, para los dioses, y las necrópolis, para los antepasados, son lugares donde los sacerdotes ejercen su papel de mediadores entre la humanidad y las fuerzas de lo invisible. Se trata de lugares separados, alejados de la mayoría de los vivos, y su acceso está sujeto a restricciones de todo tipo, como la pureza corporal, el ayuno y la obligación de silencio.

Lugar sagrado. En la antigua Grecia, cualquier lugar podía adquirir un carácter sagrado siempre que allí apareciera un dios o muriera un héroe. El término griego para espacio sagrado, *temenos,* se aplica tanto a un modesto altar, un simple montículo de tierra o espacio sagrado colocado cerca de un río o en el corazón de un bosque, como al vasto edificio rodeado por una columnata erigida en honor de Uno de los grandes dioses del Olimpo. Originalmente, el templo es simplemente el espacio en el cielo delimitado por augurios para observar el vuelo de las aves. Posteriormente se convirtió en el edificio propiamente dicho, desde donde, según estrictas normas, se llevó a cabo esta observación. Cerrado a la población, alberga la estatua de la divinidad y su tesoro.

Locacion central. El Templo de Salomón, construido en el I ^{milenio} a.C., probablemente formaba una serie de patios comunicantes inspirados en las fórmulas arquitectónicas de los templos sirios. El Lugar Santísimo, el santuario central, era tan sagrado que sólo el sumo sacerdote podía entrar en él. Allí estaba el Arca de la Alianza, que contenía las tablas de la ley dadas a Moisés por el Dios de los hebreos. Después de su destrucción, sigue siendo un lugar central para el judaísmo, y los creyentes recurren a él para orar. Los musulmanes lo consideran uno de sus altos lugares de peregrinación.

Observatorio celeste. Parece obvio que ciertos sitios megalíticos eran a la vez templos y observatorios astronómicos. Este es el caso del círculo megalítico de Stonehenge en Inglaterra. Este templo solar y lunar probablemente estuvo dedicado al cosmos.

Réplica del cosmos. Los textos sagrados egipcios explican que el templo es la imagen del cosmos: al entrar en la naos, el faraón atraviesa las "puertas del cielo". La antiquísima concepción del templo como *imago mundi,* la idea de que el santuario reproduce el universo en su esencia, se transmitió a la arquitectura sacra de la Europa cristiana: la basílica de los primeros siglos de nuestra era, como la catedral del Medio Edades, reproduce simbólicamente la Jerusalén terrenal.

El templo masónico puede verse como un sincretismo de todos estos aspectos, a la vez sagrado, central, cósmico y espiritual, a lo que se suma la idea de que el templo es el lugar donde se reúnen los masones (este no es el lugar que honra a los masones). hombre, es el hombre que honra el templo). El templo es la realización y la figura del reinado jerárquico de la verdad y la razón en la tierra [34].

En los ritos de la masonería, inspirados en los constructores del Templo de Salomón, el templo adopta muy claramente una dimensión cósmica; su bóveda está tachonada de estrellas, la luna y el sol están presentes, las referencias a los puntos cardinales ordenan el espacio del templo, las circulaciones se producen en relación al movimiento de los planetas. El espacio iniciático, es decir el lugar donde se realizan los ritos, está en oposición clásica a la aldea, un lugar social, un lugar cultural, habitado por humanos. La construcción mítica de la Masonería es una cosmogonía y esto no sólo porque el santuario representa el mundo y su arquetipo celestial, sino también porque el templo permite experimentar los diversos ciclos temporales expresados por los ritos.

---

[34] Georges Roux, *El verdadero templo de Apolo en Delos* : <tinyurl.com/temple-de-Delos>.

Tenga en cuenta que el Templo de Jerusalén no fue construido para ser visitado por hombres como una iglesia, una sinagoga o una mezquita. Es literalmente la Casa de Dios, un lugar solo para Él [35].

Los templos de Jerusalén

Cuando el Templo fue construido en Jerusalén, era sólo un lugar sagrado entre muchos otros, no era el único lugar de veneración a YHVH Elohim. Todos los lugares altos fueron considerados legítimos en términos de culto hasta la reforma de Josías en 621. La multiplicidad de santuarios también fue expresamente autorizada por la palabra de Dios que prescribía incluso la manera de construir un altar [36]. Hay muchos textos en la Biblia que ilustran tales prácticas [37]. ¿No había construido Jacob un altar en Siquem (Gén. 33,20) y levantado un monolito en Betel ? (Gen;28,18 y 35,14), ¡y fue en el mismo lugar, en

---

[35] Consulte el artículo de Gérard Foy, *Una historia del Templo, en el número 4 de 2021 de la Revue L'Initiation* , p.2: <tinyurl.com/linitiation-2021-4>.

[36] Éxodo (20:21): Pero si me construyes un altar de piedras, no lo hagas de piedras labradas; porque tocándolos con hierro los has profanado. Ibidem (20:22) Tampoco subirás a mi altar por escalones, para que allí no se revele tu desnudez.

[37] Josué en el monte Ebal (Josué 8:30-32), Gedeón en Ofra (Jue 6:11,24), Manoa en Zoreah (Jue 13:15,20), Miqueas en el monte Efraín (Jue 17:5), Samuel en Mizpa (1Sa 7:9ff) Samuel en Ramá (1Sa 9:12-18 7:17), los hebreos en Gilgal (1Sa 11:15), Samuel en Belén (1Sa 16:5), David en la era de Arauna (2Sa 24:25), Salomón en Gabaón (1Re 3:4), Elías en el Carmelo (1Re 18:30ss).

Siquem, donde Josué había levantado una gran piedra debajo de un árbol! [38].

Jerusalén no fue elegida al azar. En 2Crón ;3,1, se dice: Salomón comenzó a edificar la casa del Señor en Jerusalén, en el monte Moriah; allí [el Señor] se apareció a su padre David, quien había elegido el lugar que le pertenecía en la era de Ornán el jebuseo.

Jonathan Smith resume las tradiciones y notas judías:

~ Aquí es donde se bloquearon las aguas de la "Profundidad" el primer día.

~ Es la fuente de la primera luz de la creación.

~ El sitio del Templo fue el primer lugar que existió y, por lo tanto, es el "centro" del mundo.

~ De allí se tomó el polvo para formar a Adán.

~ Es el lugar del primer sacrificio de Adán.

~ Este es el lugar de la tumba de Adán.

~ Fue allí donde Caín y Abel sacrificaron, y por eso Abel fue asesinado.

~ El Diluvio fue causado al levantar la primera piedra del Templo y liberar las aguas del Abismo.

~ Fue en el sitio del Templo donde Noé sacrificó por primera vez después del Diluvio.

~ Fue en las instalaciones del Templo donde Abraham fue circuncidado.

~ Fue en el sitio del Templo donde se encontraba el altar de Melquisedec.

---

[38] Josué , 24 , 26: Entonces Josué escribió estas cosas en el libro de la ley divina; Tomó también una piedra grande y la levantó en aquel lugar, debajo de la encina que estaba en el lugar dedicado al Señor.

~ Fue en este sitio donde se ubicó el altar para el sacrificio de Isaac.

~ Fue en el sitio del futuro Templo donde Jacob tuvo su visión de Betel.

~ La Piedra Fundamental fue la roca de donde Moisés hizo brotar agua.

~ Yahweh se paró en el sitio del Templo para detener el flagelo.

El Templo debe encarnar la paz, el descanso y la sostenibilidad. Es el servicio a Di-s, uno de los tres recintos, elementos del fundamento de los valores judíos, con la Torá en el Lugar Santísimo y la caridad que forma el vínculo con el mundo.

Para comprender *la importancia del templo,* mire el interesante documental: < tinyurl.com/importance-du-Temple >.

Flavio José en *Antigüedades Judaicas* informa sobre el simbolismo del Templo de Jerusalén: "las tres partes del santuario corresponden a las tres regiones cósmicas (el patio representa el Mar - es decir las regiones inferiores - la Casa Santa que representa el La Tierra y el Lugar Santísimo el Cielo; las 12 rebanadas que están sobre la mesa simbolizan los 12 meses del año; el candelabro con 70 brazos representa los Decanatos (es decir, la división zodiacal de los siete planetas en decenas) - el carro del alma, la Merkéva".

El Templo no fue construido en un terreno llano [39] sino en etapas sucesivas en la ladera del Monte Moriah (para

---

[39] < tinyurl.com/ilustracion-Temple >.

una historia geológica de la construcción del Templo de Jerusalén, monografía del Haram-ech-Chérif [40].

Cuando Jerusalén se convirtió en ciudad cristiana, el mismo lugar del Templo, en ruinas, quedó tal como estaba pero, según algunos (Anónimo de Plaisance, Cirilo de Escitópolis, Gregorio de Tours), una iglesia, que conmemora la presentación de Jesús en la Templo, fue construido por Justiniano, entre 531 y 543, en el borde de la explanada, Sainte-Marie-la-Neuve; Será destruida por los persas durante el asedio de Jerusalén en el año 614.

Según el Corán, la construcción del Templo fue iniciada por el profeta Daoud (David) y completada por su hijo, Souleymane (Salomón). Souleymane lo habría construido con la ayuda de los genios que estaban bajo sus órdenes. Es en homenaje a su padre que terminó la obra.

El Templo de Jerusalén fue alternativamente lleno y abandonado por la inconstante multitud de hebreos; un rey de Egipto lo saqueó, un rey de Israel viendo que valía la pena seguir el ejemplo lo imitó, otro cerró las puertas y llamó a otros dioses a otros altares. Ezequías restauró su gloria por un momento, pero su hijo Manasés rompió el tabernáculo de Jehová. Después de cuatro siglos de existencia y de diversas fortunas, se derrumbó en el fuego encendido por el ejército babilónico. Reconstruida tras el cautiverio, convirtiéndose a la vez en templo y fortaleza, fue completamente derrocada el 10 de agosto del 71 de la era cristiana por el ejército de Tito. Sobre sus

---

[40] Melchior Vogüe, *El Templo de Jerusalén, monografía del Haram-ech- Chérif* ,...< tinyurl.com/monographie-Temple>.

ruinas se levantaron otros santuarios, a su vez iglesias y mezquitas, según dominen en Jerusalén las fortunas de Oriente o las de Occidente [41].

La destrucción del templo presagia los tiempos mesiánicos. Básicamente, ¿no fue un ídolo el que fue destruido?

del Templo sólo quedan los muros de contención de la explanada construida por Herodes y los restos de los arcos que permitían el acceso a la explanada. Para Bob Cornuke, explorador bíblico, la ubicación real del Templo no sería en la montaña (de hecho, la ubicación de la guarnición romana) sino abajo, más al sur, en la ciudad de David [42].

La lejana mezquita *de Al-Aqsa* es uno de los principales lugares sagrados del Islam. Entre 1969 y 1983, la cúpula de la Mezquita de *Al-Aqsa* fue recubierta de aluminio mediante anodizado, lo que le dio un aspecto plateado. En 1983, para mayor autenticidad, se le recuperó su revestimiento original de plomo, de color gris oscuro.

En Venecia, cada sinagoga es sólo un sustituto del destruido Templo de Jerusalén. Para recordarnos este defecto incluye algún signo de imperfección como un pequeño defecto en su pavimento blanco y negro para recordárnoslo [43].

---

[41] Complete con este video documental, *El Templo de Jerusalén a través de las generaciones* : < tinyurl.com/Temple-de-Jerusalem >.
[42] Vídeo: <tinyurl.com/location-Temple>
[43] Vídeo: <tinyurl.com/pavage-synagogue>.

Templo de Salomón

Es el primer templo de piedra construido en honor al Dios de los hebreos. Antes del cuarto año del reinado de Salomón, los hebreos celebraban el culto a YHVH como nómadas, en una simple tienda removible y transportable, en el Templo en el desierto durante el Éxodo, luego en Jerusalén mientras esperaban la construcción permanente (a *Ælia Capitolina* como la Lo llamó el emperador romano Adriano).

Según Thomas Römer, fueron los deuteromistas quienes inventaron la construcción que aparece en la Biblia. De hecho, según las fuentes, considera **que se trataría de una renovación que se habría instalado en el templo de una divinidad solar, una capilla anexa al dios tutelar de los reyes hebreos.**

El templo actuaba como foco de vida religiosa y cultural, siendo lugar de celebración de los sacrificios descritos en la Torá como *korbanot*. La supuesta fecha de su finalización sería alrededor del siglo X a.C. antes de Cristo, el de su destrucción por los babilonios en -586 bajo Nabucodonosor.

El Primer Templo o Templo de Salomón fue construido, según la Biblia, por el rey Salomón en el siglo X a.C. Está fechado según I Reyes, 6, 1: "era el año 480 después de la salida de los hijos de Israel de Egipto, el año 4 de su reinado sobre Israel, en el mes de Ziv, que es el segundo mes, que Salomón comenzó para edificar la casa del Señor". Diodoro de Sicilia, sin embargo, atribuye erróneamente su construcción a Moisés. "Esta colonia estaba encabezada por un tal llamado Moisés, hombre muy notable por su sabiduría y su coraje. Este Moisés, habiendo tomado posesión del país, fundó allí varias ciudades y, en particular, la que hoy es la más famosa y que se llama Jerusalén. Fundó también el templo que es objeto de gran veneración entre ellos.[44]

y construcción aparecen similitudes con otros templos de la región. De inspiración fenicia, moabita y siria, construido con la ayuda de Tiro, este templo da fe del sincretismo y el cosmopolitismo del rey Salomón.

La verdadera naturaleza del edificio es ante todo espiritual, el arte existe sólo para traducir la idea; para las dos civilizaciones, Israel y Egipto, hablamos de la sacralización del arte.

El acceso al Templo estaba reservado a los Cohen (los sacerdotes) [45]. Una estructuración de las autorizaciones de acceso al espacio circundante al templo fue muy estricta [46].

A través del Templo, Salomón quiere construir una sociedad abierta a la trascendencia. Quiere realizar una transformación espiritual del mundo, conducirlo hacia el camino de la perfectibilidad, transmutar lo humano en divino: el Templo debe ser la imagen simbólica del hombre y del mundo demostrando que primero debemos vivir en espíritu, realizar su reconstrucción

---

[44]Libro I de la Biblioteca Histórica de Diodoro de Sicilia: < tinyurl.com/Diodore-History >.

[45] Aquí tenéis otra representación de la estructura del recinto que delimita las zonas de acceso: <tinyurl.com/zones-acces-Temple>.

[46]< tinyurl.com/espaces-acces-Temple >.

dentro de sí mismo para acceder al conocimiento del templo celestial. "El templo de Salomón no era simplemente la encuadernación del libro sagrado, era el libro sagrado mismo. En cada uno de sus recintos concéntricos los sacerdotes podían leer la palabra traducida y manifestada a los ojos, y así seguían sus transformaciones de santuario en santuario hasta apoderarse de ella en su último tabernáculo en su forma más concreta, que todavía era la arquitectura del arco. Así, la palabra quedó encerrada dentro del edificio, pero su imagen estaba en su envoltura como la figura humana sobre el ataúd de una momia [47].

La entrada al edificio está al este mientras que el Arca de la Alianza está al oeste (según Ezequiel, Ez 42,4 : "La gloria del Señor entró en el templo por la puerta que mira hacia el este". La orientación evoca el camino que viene de la luz, un camino que pasa por una ley de devenir interior, por una transformación espiritual, la búsqueda de la integridad personal.

El Templo es el punto de convergencia entre Dios y su creación, entre la Jerusalén terrenal y la Jerusalén celestial.
Los cabalistas utilizan la configuración del Templo para inscribir lo que ellos llaman los cuatro estados del universo a través de cuatro estados de sacralización. Partiendo de los cuadrados encontramos:
El mundo de la acción: *Asiah,* la explanada.

---

[47]Victor Hugo, *Notre dame de Paris, Libro V, Esto matará a aquello* , 1865:
<gallica.bnf.fr/ark:/12148/bpt6k5674470n/f97.item>.

El mundo de las formas: *Yetsira,* lugar de las emociones; el vestíbulo o oulam (A).

El mundo de las ideas : *Briah,* lugar de pensamientos intelectuales; el palacio o hekhal (B).

El mundo de la emanación espiritual: *Atzilut,* lugar de los sentimientos; debir, que tiene la misma raíz semántica que dabar, la palabra en hebreo (C). La oscuridad del Lugar Santísimo no debe entenderse como la ausencia de luz, sino como su principio no manifiesto, la fuente invisible en el origen de su aspecto manifestado o visible.

Estos mundos representan un camino a seguir, partiendo del mundo profano, visible, material, tangible, hacia un mundo sagrado, sutil, oculto, que poco a poco se irá revelando a quien sepa empezar.

En las obras religiosas medievales, las representaciones de las obras de construcción de iglesias se titulan "Construcción del Templo de Salomón".

La gran Hagia Sophia en Estambul, la Cúpula de la Roca en Jerusalén, la sede de los Caballeros Templarios y muchas catedrales medievales fueron diseñadas como reafirmaciones simbólicas del original.

El templo de Zorobabel

El segundo Templo, el Templo de Zorobabel, fue construido cuando los judíos regresaron del cautiverio en Babilonia, alrededor del año 536 a.C. Se completó el 12 de marzo de 515. Después de la declaración de Ciro pidiendo a Israel que regresara y reconstruyera la Casa de Dios en Jerusalén, lo primero que hicieron los hebreos fue construir el altar de piedra, para poder comenzar a hacer ofrendas lo antes posible. posible.

El nuevo altar fue construido 52 años después de la destrucción del primer templo por Josué y Zorobabel en Jerusalén. Como había hecho Salomón, los constructores contrataron los servicios de sidonios y tirios para que trajeran madera del Líbano. "Aconteció en el segundo año de su venida al templo de Dios en Jerusalén, en el mes segundo, que Zorobabel hijo de Salatiel y Josué hijo de Yosadac, con el resto de sus hermanos, los sacerdotes, los levitas y los Todo el pueblo que había regresado del cautiverio a Jerusalén, comenzó la obra, y encomendaron a los levitas de veinte años arriba la supervisión de las obras del templo de Yahweh" (Esdras 3:8). Sin embargo, encontramos en II Crónicas 34.12 que fue el rey Josías quien la reconstruyó y que los trabajadores estaban bajo la supervisión de Yahat y Obadyahu, levitas de la familia Merarita; y Zacarías y Mesulam, de la familia de Coat, eran los encargados de dirigirlos.

El segundo Templo no podía tener el brillo del primero. Además, ciertos elementos habían sido definitivamente destruidos o perdidos, y no podían ser reemplazados: el Arca de la Alianza, el Ourim y Tumim, el óleo sagrado, el fuego sagrado, las tablas del Decálogo, la vasija del maná y el vaso de Aarón. personal. Será profanado cuando, por orden de Antíoco IV, se erija en el Templo un altar dedicado a Zeus y los judíos se vean obligados a sacrificar carne de cerdo al dios griego. Será reconsagrada con el episodio del aceite que arde durante 7 días y que dará lugar a la fiesta de Hanukkah.

Templo de Herodes

En el año 37 a. C., el Senado romano entregó la corona del Reino de Judea a Herodes I el [Grande,] quien quitó el poder político a los sacerdotes. Templo de Herodes en Jerusalén es el nombre que reciben las ampliaciones masivas del Templo de Zorobabel y las renovaciones del Monte del Templo, llevadas a cabo por este rey paranoico y sanguinario.

Este proyecto se inició alrededor del año 19 a.C. JC. El edificio tenía cuarenta y cinco metros de altura y tardó más de cuarenta y seis años en construirse (Jn 2,20). Flavio Josefo escribe que cuando el sol brillaba sobre él, uno no podía mirarlo por mucho tiempo porque estaba deslumbrado por la blancura de su piedra y el oro de sus decoraciones. La destrucción de este templo por las tropas romanas de Tito en el año 70 d.C. se relata en *La guerra judía* de Flavio Josefo [48].

Templo de Ezequiel

Esto es lo que vi: un muro exterior rodeaba el templo por todos lados, y el hombre tenía en su mano una regla de agrimensor de seis codos de largo, tomando el codo largo, un poco más grande que el codo ordinario. Midió el espesor de las paredes de esta construcción: correspondía a la longitud de su regla. Encontró la misma dimensión para la altura. (Ezequiel ; 40,5). El templo de la visión de Ezequiel es el de la Jerusalén celestial [49].

---

[48]El Templo durante el período de Herodes, vídeo: <tinyurl.com/Temple-sous-Herode>.

[49] Artículo, *La Nueva Jerusalén se mide con una caña de oro* : < tinyurl.com/medidas-du-Temple >.

Del Templo al Templo Masónico

En la masonería, el lugar donde se guardan los trajes se llama templo. Como las catedrales y todos los templos dignos de ese nombre, los templos masónicos están orientados, al menos simbólicamente: según el este primero, de donde proviene la luz, luego el sur, donde brilla el sol, el norte, el dominio de la luna, finalmente al oeste, donde se ubica la puerta que da al exterior del espacio sagrado. Se trata de un campo semántico de símbolos donde "asumiendo una dimensión estética, lo ornamental tendría una vocación epistémica".

Las diversas sociedades de compañerismo que existen en Francia tienen su origen en la construcción del Templo de Salomón; la mayoría adoptó el mito de Hiram, aunque se designaron líderes particulares. Algunos de los canteros son llamados hijos del maestro Jacques, que fue escultor y arquitecto, colega de Hiram, y a quien la leyenda atribuye una vida y una muerte bastante similares a las de este último. El padre Soubise, también empleado en las obras del templo, es el patrón de los carpinteros.

El Templo apareció por primera vez en 1637 en Escocia, mencionado en la *Mason's Word,* en la comunidad calvinista presbiteriana.
La presencia del Templo de Salomón en la leyenda masónica forma parte de los enigmas sin resolver. De las 150 versiones manuscritas de los *Old Charges,* sólo dos lo mencionan, el *Regius,* 1390, y el *Cooke* poco después.

Por qué después de un silencio total que duró 300 años?

¿Hubo causa y efecto en que, en 1665, en Londres, un rabino judío español, Jacob Jéhu de Léon, expusiera, a petición del rey Carlos II, una bellísima maqueta del Templo de Salomón diseñada [50]en Holanda, que atrajo enorme atención, ¿Una exposición que continuó con el mismo éxito hasta 1765, es decir durante un siglo? ¿O por la publicación en 1688 de una obra *El templo de Salomón espiritualizado* del escritor anabautista John Bunyan, un autor muy conocido [51]y reconocido?

Desaguliers, como buen pastor anglicano, pensó, tal vez, que las reuniones de la FM deberían celebrarse en un templo, para promover el deísmo newtoniano porque la construcción de un templo nuevo sobre uno antiguo es una práctica muy común cada vez que una "religión "se hace cargo de otro. Así se destruyen los templos de las antiguas deidades y generalmente se construyen encima los de las nuevas, para enterrar el error y hacer felices a los arqueólogos. Por ejemplo, esto sucedió repetidamente en el establecimiento de la religión católica: la Basílica de San Pedro, en Roma, fue construida sobre un antiguo templo de Zeus; la iglesia de Saint Nizier en Lyon sobre un templo de Attis; el Santo Sepulcro de Jerusalén está construido sobre un templo de Júpiter que los romanos habían construido en el Gólgota y así sucesivamente, los ejemplos son muy numerosos y las razones muy sencillas. Por un lado quisimos imponer la nueva religión sin dejar rastro del lugar de veneración de la anterior y luego supimos que el lugar era sagrado y siempre siguió siendo un espacio sagrado.

---

[50]Imagen: <tinyurl.com/maquette-temple-Salomon>.

[51] Juan Bunyan, *El Templo de Salomón espiritualizado* : <tinyurl.com/le-temple-spiritualise>.

¿Pero qué templo elegir? Obviamente tenía que ser un templo bíblico, pero ¿cuál elegir? El primer templo de Salomón, ¿el de Zorobabel o el de Herodes? El primero, por supuesto, el único cuyas medidas están tan bien descritas en varios libros de las Sagradas Escrituras.

Esbozo perfecto del universo para Willermoz, jeroglífico universal para Louis-Claude de Saint-Martin, **el Templo de Salomón está en el corazón de la masonería litocéntrica.** "La medición matemática del edificio que se dice es la expresión de la voluntad divina ejecutada por Salomón en relación con los planos dados a Moisés por Dios mismo es la base de toda investigación sobre las leyes fundamentales del universo. Esta relación directa entre materia y voluntad divina sólo podría ser una fuente y un modelo universal para Newton. Este modelo universal será el de una espiritualidad racional que rechace el trinitarismo en favor del deísmo, lo que conducirá a la búsqueda de explicaciones científicas y simbólicas, estableciendo la influencia cruzada entre el hombre y la gran naturaleza con vistas a una nueva alianza". También llamado *Beth Hamikdach*, la casa de la santificación, **el Templo de Salomón ocupa un lugar destacado en los ritos de la masonería como telón de fondo alegórico, simbólico y espiritual.**

El Templo Masónico pretende ser una imagen del cosmos; desde este punto de vista, el Templo de Salomón es el Universo Solar, y Hiram Abif, el Gran Maestro constructor del Templo, es el Sol que viaja a través de los doce signos del zodíaco, donde representa el drama místico de la leyenda masónica.

es sagrado en sí mismo, pero se vuelve sagrado a través de la dirección dada al pensamiento. Los masones llegan a perfeccionarse trabajando sobre sí mismos, tomando como modelo su construcción.

Para el RER: D- ¿Qué representa la Logia? A- El Templo de Salomón místicamente reconstruido por los masones. Construido a imagen del hombre y a imagen del universo, estudiar los símbolos del templo es estudiar ambos (Willermoz). Rebold ofrece un análisis de los símbolos del "templo" masónico en Histoire Générale *De La Freemaçonnerie* de 1850 [52].

Para la REAA, el Templo Masónico, al igual que la Logia de los Constructores de Catedrales, no es el Templo en sí en el que se supone que Dios debe venir y residir según la descripción dada en el Libro de los Reyes, está en construcción en Occidente y puede ser confundido con la ciudad.

En los rituales, por distorsión, la palabra templo se utiliza de la misma manera, mientras que sólo debería referirse a los templos de la mitología bíblica y masónica (Templo de Salomón, de Herodes, de Zorobabel, de Enoc, etc.) El término correcto es "logia" cuando la logia se abre ritualmente, "local de la logia" o "habitación de la logia" cuando designa el edificio (*logia habitación*). En Escocia e Irlanda también utilizamos "chapel" (*capilla*) y, muy a menudo, esta es una… Aunque la decoración del templo masónico evoca en ciertos aspectos el Templo de Salomón, la obra no comienza ni termina en el templo.,

---

[52] Rebold, *Historia general de la masonería* :
<tinyurl.com/Histoire-Franc-masonry>.

pero en el albergue. El espacio en el que se representan los rituales no es, por tanto, más el Templo que la catedral o la sinagoga. Su aparición es sólo un paradigma que sustenta el mito, un escenario teatral que cambia con los grados de obra, "un sistema de pensamiento completo y autónomo, dentro de sus propios límites".

El templo, como local permanente dedicado a la labor masónica, es objeto de una ceremonia de consagración específica.

RSC/RE. Los locales, como tales, a diferencia de la logia (grupo humano), son objeto de una ceremonia de consagración específica, lo mismo para el delantal del Venerable y su collar (ambos transmitidos de sucesor a sucesor), como para la Biblia de la logia y, posiblemente, la espada y el estandarte.

Para que haya una obra de arquitectura, es necesario un diseño. Para crear el templo masónico, generalmente basta con que 7 albañiles regularmente iniciados se reúnan bajo la bóveda estrellada (el edificio sería, por lo tanto, más bien un hipetrum), tracen el Mesa caja en el suelo, se materializan las columnas, el sol, la luna, la escuadra, el compás. Ni siquiera es necesario que esté allí el volumen de la sagrada ley, basta que los presentes lo mentalicen, que se coloquen en los puestos de las oficinas y abran la obra para que el templo exista y se convierta en ese lugar sagrado que desaparecen cuando se cierra la obra. En la masonería se entiende que el templo no preexiste: son los albañiles quienes lo construyen tanto colectivamente (templo humanitario) como individualmente (personalidad humana, piedra cúbica llamada filosófica en el hermetismo).

Iluminación de la construcción

El templo masónico, la logia, es el lugar de una representación simbólica del mundo. Algunos rituales plantean la cuestión de sus dimensiones, a lo que se responde: su longitud va de oeste a este, su anchura de norte a sur, su altura del nadir al cenit. El Sepher Yetsirah da la misma descripción del espacio cósmico regido por los 7 planetas asociados con las letras dobles (authiot): "Siete dobles. Alto y bajo, Este y Oeste, Norte y Sur. Los seis extremos: arriba y abajo, adelante y atrás, derecha e izquierda corresponden a los seis días de la creación.

Se definen así tres ejes: este/oeste (este-oeste), el eje de la luz, el de la dirección del trabajo y el de las preguntas y respuestas entre el Venerable y sus supervisores; mediodía/norte, (norte-sur), eje perpendicular y complementario al primero, ve a los miembros de la logia distribuidos alrededor de cada una de las columnas; nadir/cenit (alto-bajo), eje de lo infinitamente pequeño y lo infinitamente grande, de la tierra y el cielo, lo material y lo inmaterial. La infinitud de este espacio indica al masón que está construido en todas partes.

Añadamos a esto la dimensión del tiempo y la dimensión de la espiritualidad. La verdadera dimensión del templo a construir es la del hombre a construir.

Como escribió Oswald Wirth: ¡ sepamos transformarnos en templo y protegernos de toda profanación para que los Misterios que se cumplen en nosotros sean los del verdadero arte real ! Es el poder contemplativo el que construye el Templo, y el Templo, erigido en lo imaginal, se convierte así en la verdadera Puerta del Cielo [53].

---

[53] Durand, *Los pensamientos de Henry Corbin y el templo masónico* : <tinyurl.com/Corbin-et-le-temple-maconnique>.

El templo masónico se reconstruye cada vez que se abren las obras y se derriba cada vez que se cierran. El atuendo es el lugar y el tiempo de una obra. Esta construcción sólo puede lograrse cuando los elementos de espacio, tiempo y calidad de los participantes son respetados y verificados, a través de rituales en forma de preguntas y respuestas: la logia cubierta, la edad de los miembros según el grado de apertura. Los masones son la presencia del templo viviente del que los edificios son sólo los símbolos. En este templo vivo, antropomorfizado, que tiene su imagen en cada uno de los masones, se cumplen los verdaderos Misterios, es decir, los de la vida. El simbolismo del templo masónico es un incentivo para desarrollar nuestro propio proyecto, nuestra propia arquitectura, recordando sin embargo que el tiempo del proyecto, el de la reflexión y el diseño, es un requisito previo necesario al de la obra, que es el tiempo de acción y logro.

Pueden los rituales por sí solos crear este espacio sagrado? Esta arquitectura, inmaterial por naturaleza, queda por construir, o más bien por reconstruir con cada Conjunto, tanto fuera del templo como dentro de uno mismo [54].

La pintoresca Historia de la masonería y de las sociedades secretas antiguas y modernas de F.-TB-Clavel le llevará alrededor del mundo, en 1844, para visitar algunos templos masónicos

---

[54] François Gruson, *Arquitectura masónica, arquitectura del espíritu* : <academia.edu/5183992>.

notables [55], en particular en Altenburg, Baltimore, Brunswick, Bruselas, Cabo de Buena Esperanza, Darmstadt, Edimburgo, Frankfurt am Main, Freiberg, Gloeau, Gotha Halle, Leipzig, Londres, Marsella, Nueva York, Nordhausen, París, Filadelfia, Puerto Príncipe, Posen, Rotterdam.

Una visita contemporánea actualiza la mirada a algunos de estos templos masónicos en el n° 5 de la Revista Masónica digital *La Plume et la Pensée*[56]

El número **6** de la Revue *La Plume et la Pensée* dedicado a " *Lugares de la memoria, entre la memoria y la historia* " evoca en particular *la sede del GODF* de Dominique Goussot; *la sede del GLD* F de Christophe Bitaud; *las sedes del DH* de Francois Mercier y *el Templo de Tours* de Christophe Bitaud [57].

---

[55] *La pintoresca historia de la masonería y las sociedades secretas antiguas y modernas* por F.-T. B.-Clavel <tinyurl.com/temples-remarquables>.

[56] *La pluma y el pensamiento n°5* : <tinyurl.com/la-plume-et-la-pensee>.

[57] *La pluma y el pensamiento n° 6* : <tinyurl.com/monuments-pour-FM>.

...

6 HIRAM, REY DE TIRO, UN PERSONAJE POCO CONOCIDO

Hiram rey de Tiro es hijo del rey Abcal, contemporáneo y aliado de David y Salomón.

La masonería recuerda del rey de Tiro la triangulación que compuso con el rey Salomón y el maestro Hiram, en particular por el suministro de madera de cedro del Líbano que se utilizó en la construcción del Templo de Jerusalén.

Y también Hiram, rey de Tiro, envió sus siervos a Salomón, cuando oyó que había sido coronado rey en lugar de su padre; porque, desde todos los tiempos, Hiram había sido amigo de David (I Reyes 5, 15). Y ahora mandad cortar los cedros del Líbano; mis trabajadores ayudarán a los tuyos, cuyos salarios te pagaré según lo que me digas. Porque ya sabéis que no hay entre nosotros nadie que sepa talar árboles como los sidonios (IReyes 5, 20). La flota de Hiram, que había traído oro de Ofira, trajo también sándalo en gran abundancia, y piedras preciosas. piedras, y de este sándalo hizo el rey barandillas para la casa de YHWH y para la casa real, y arpas y liras para los cantores. Nunca hubo tanto sándalo, ni se había visto así hasta el día de hoy (1 Reyes 10,11-12).

Numerosos textos de tradición rabínica conceden a este rey un lugar privilegiado poco mencionado por los masones.

Hiram de Tiro (el Talmud tiene una leyenda que dice que a Hiram se le concedieron 600 años de Paraíso como recompensa por los cedros del Líbano que proporcionó para la construcción del Templo de Salomón) se encuentra entre los diez justos que "entraron vivos en el jardín del Edén: Enoc hijo de Jared, Eliezer siervo de Abraham, Bitia hija de Faraón, Sera ḥ hija de Aser, el profeta Elías, el Mesías hijo de David, **Hiram** rey de Tiro, Evad el etíope, siervo del rey, Javetz b. Rabino y Yehoshua b. Leví. "[58]

Josefo, en su tratado contra Apión, nos informa sobre el testimonio de Menandro, que el rey Hiram reconstruyó el templo de Melkart [el dios Ba'al de Tiro]. Si Heródoto tiene razón en sus datos, entonces debe haber existido durante más de diecisiete siglos. Se dice que Hiram abandonó la antigua Tiro y se instaló en la isla adyacente, rodeando la plaza de la ciudad con altos muros de piedra labrada. Por tanto, el templo que habría visto Heródoto habría sido el de Hiram.

El libro *Yalkutt* (que es una recopilación del Midrash) dice que Hiram construyó para sí, en medio del mar, un paraíso de siete cielos (como Babel), y que para castigarlo por su gran orgullo, Yod envió a Nabucodonosor contra

---

[58]Jean-Yves Legouas El mesías en *la literatura bíblica y rabínica* : <tinyurl.com/le-messie-dans-litterature>.

él que supuestamente destruyó su paraíso y lo demolió en pedazos cuando tenía unos 600 años [59].

Rav Touitou David relata la vida de este rey y también relata el trágico final de Hiram tras su derrota contra Nabucodonosor [60].

A ocho kilómetros al este de la ciudad de Tiro se encuentra la Tumba del rey Hiram de Tiro [61]. Es un mausoleo imponente y uno de los monumentos más interesantes de Tierra Santa. Destaca menos por su belleza y ornamentación que por su grandeza y durabilidad. Coronando una elegante colina, consta de un pedestal y un sarcófago. El primero se compone de cuatro capas de inmensos bloques de piedra caliza, de unos tres metros de altura; este último está cortado de un bloque macizo y mide doce pies de largo, ocho de ancho y seis de alto y está rematado por una cubierta piramidal de cinco pies de espesor. Los extremos de la tapa están biselados, la parte superior redondeada y está colocada con tanto cuidado que resulta difícil quitarla. En el lado norte del monumento se encuentra una bóveda de arco de 20 pies cuadrados y 12 de profundidad, que sin duda sirvió como lugar para el descanso final de la familia real.

---

[59] John Yarker, *Las escuelas arcanas* : <tinyurl.com/The-Arcane-Schools>.

[60] Vídeo de Rav David Touitou: <tinyurl.com/Hiram-roi-orgueilleux>.

[61] Grabado de la tumba del rey Hiram de Tiro: <tinyurl.com/tombeau-Hiram-de-Tyr>.

Algunas palabras sobre los famosos cedros del Líbano.[62]

Los cedros son ante todo árboles "sagrados". El narrador los vinculó inseparablemente con muchos de los acontecimientos más grandiosos de la historia bíblica. *Estos son los "árboles del Señor", los "cedros del Líbano que él plantó"* (Sal. civ., 16). *Aquí están los restos de este bosque, cuya madera fue tomada para el Templo de Dios en Jerusalén;* (IRois ; 5 y 6).

Expresan grandeza, fuerza, poder y gloria. Pero al denunciar los juicios del Señor sobre los soberbios y soberbios, el profeta declara: " *Porque el día del Señor de los ejércitos será sobre todos los soberbios y altivos, y sobre todos los altivos, y será abatido. ; contra todos los cedros esbeltos y majestuosos del Líbano y las encinas de Basán* " (Isa, 2,12-13). Como ilustración del descontento de Jehová con el orgullo real, le pide a Ezequiel que le hable así al rey de Egipto y a su multitud: " *He aquí, había en el Líbano un cedro soberbio, de ramas hermosas, de follaje sombreado, alto en estatura; su copa traspasaba las nubes ...*" (Ezequiel ; 31,3 - 14) Quebrar los cedros y sacudir la enorme masa sobre la que crecen, son figuras escogidas por el salmista para expresar la terrible majestad y el poder infinito de Dios. " *La voz del Señor es poderosa; la voz del Señor está llena de majestad. La voz del Señor quebranta los cedros; sí, el Señor quebranta los cedros del Líbano*". (Sal ;29 ;4,5).

Los bosques de Oriente, siempre cerca del punto de ignición bajo los intensos rayos de un sol vertical, son frecuentemente incendiados por el descuido de quienes

---

[62]Grabado, John P. Newman, *De Dan a Beerseba* , cap. XIV, 1892: <tinyurl.com/cedres-du-Liban>.

se han refugiado en sus recovecos, y el elemento devorador continúa sus estragos hasta llegar a vastas plantaciones. se consumen. Con tal conflagración, el profeta Zacarías compara las operaciones destructivas de los ejércitos romanos bajo Vespasiano y Tito contra los judíos, cuando los nobles y gobernantes fueron asesinados, la ciudad y el templo reducidos a cenizas, el pueblo pasado a espada, vendido como esclavo., y todo el país devastado. "¡Abre tus puertas, oh Líbano! ¡ Que el fuego haga estragos entre tus cedros! ¡Lamenta, ciprés, porque ha caído el cedro, han sido talados los gigantes orgullosos! »

En la segunda parte del *Manuscrito Dumfries* está escrito : "¿Cuál es el misterio de la madera de cedro? La madera de cedro, ciprés y olivo no está sujeta a putrefacción y no puede ser devorada por los gusanos; así la naturaleza humana de Cristo no fue afectada por la putrefacción y la corrupción.[63]

La adopción de la masonería, centrada en Noé, evoca la analogía entre la incorruptibilidad de la madera de cedro y el verdadero albañil virtuoso [64].

---

[63] p.14/16 : <tinyurl.com/Dumfries-manuscript>.
[64] P.54: <tinyurl.com/vraie-maonnerie-d-adoption>.

Iluminación de la construcción

7 LOS TRABAJADORES DEL TEMPLO, LO QUE LA MASONERÍA APRENDE DE ELLOS

Según los Textos (I Reyes, 5, 13 al 18), los obreros del Templo de Salomón empleados en la construcción del Templo fueron aproximadamente 183.300, a saber: 30.000 hombres de corvee enviados alternativamente al Líbano y a la obra, 70.000 de carga porteadores, 80.000 canteros en la montaña y 3.300 maestros (*harodim*), pero según II Crónicas 2:18, los maestros eran 3.600, pero según Reyes 9:23 eran 550.

Los *Antiguos Cargos* también mencionan el número de trabajadores. Así, el *manuscrito Cooke* [65] indicaría que había 80.000 albañiles trabajando, mientras que el *manuscrito Lansdowne* [66] indica 24.000 *trabajadores de la piedra*. Pocos manuscritos de los *Antiguos Cargos,* en su parte histórica, indican el número exacto.

Esto es lo que informan *las Constituciones de Anderson :* "3.600 príncipes o maestros albañiles para conducir el

---

[65] *Consigue miles de albañiles en su trabajo :* <tinyurl.com/CookeManuscript>.

[66] P.72/105: <tinyurl.com/Manuscript-Lansdowne>.

trabajo según las instrucciones de Salomón, con 80.000 canteros o compañeros en la montaña; y 70.000 trabajadores : en total 153.600 además de la leva, bajo Adoniram, para trabajar en las montañas del Líbano alternativamente con los sidonios, es decir, 30.000, haciendo en total 183.600". Se añade en una nota de las *Constituciones* de 1723 (p..4): "En Reyes (I, v. 16), se les llama *Harodim* (hé, resh, daleth, iod, mem), Gobernadores o Prebostes que ayudaban al Rey Salomón y que eran puestos a Trabajar. Su número es sólo de 3.300; pero en Crónicas (II, v. I8), se les llama **Menatzchim** (hombres, sustantivo, teth, eth, iod, hombres), Vigilantes y Consoladores de la Gente en el Trabajo, y suman 3.600. Es posible que 300 de ellos hubieran sido Artistas y Supervisores más curiosos que los otros 3.300; o incluso que no eran tan excelentes, sino sólo Maestros Adjuntos para reemplazos en caso de Muerte o Ausencia: así, siempre hubo 3.300 Maestros activos en total. O también, podrían ser los Supervisores de los 70.000, ***Ish Sabbal*** (aleph,iod,schin, Samek,beth,lamed), hombres de Dolor o Trabajadores, que no eran masones pero servían a los 80.000, ***Ish Chotzeb*** (aleph, iod, schin eth, tsadé, beth), hombres de Talla, también llamados ***Ghiblim*** (guimel, beth, lamed, iod, men), Canteros y Escultores, o incluso ***Bonaï*** (beth, sustantivo, iod), Constructores de Piedra. Pertenecían en parte a Salomón y en parte a Hiram, rey de Tiro. (Reyes, I, v. 18). "

Los Giblim, su nombre proviene de *Ghiblim.* גבלים usado en la Biblia (I Reyes 5, 32), con el significado de albañil : " Los Ghiblim (Gibléans) cuadraron y moldearon la madera y la piedra para la construcción del templo ". *Giblos* o *Gibeah* es una montaña cercana a

Jerusalén de donde, según la leyenda, se extrajo la piedra necesaria para la construcción del Templo.

Los giblitas habitaban la ciudad y región de Gebal, en Fenicia, cerca del monte Líbano, estaban bajo el dominio del rey de Tiro.

Es con la forma "Ghiblim" que el pastor Anderson lo escribe en su Libro de Constituciones de 1738 donde leemos [traducido del inglés]: se dice que en 1350 Jean de Spoulce, llamado Maestro de los Ghiblim, reconstruyó el Saint-Georges capilla. Esta palabra y su contexto de uso parecen provenir de la *Biblia de Ginebra* (1560) que los menciona en una nota al margen del versículo bíblico 1 Reyes;5,18. Podemos leer este versículo que da según las traducciones: "Los trabajadores de Salomón y los de Hiram, los giblianos o Gebal o los especialistas de la ciudad de Byblos o incluso los trabajadores de Salomón y los de Hiram y los giblitas): el hebreo La palabra es Giblim גִּבְלִים, de quienes se dice que son excelentes albañiles ; generalmente son oficiales, a veces aprendices, nunca maestros.

Calcott, en su libro de 1769, *Una disquisición sincera de los principios y prácticas de la Sociedad de masones libres y aceptados,* cita además a 300 **harodim,** gobernadores o maestros, 3.300 **menatzchim,** capataces cananeos, y 70.000 que fueron los supervivientes de los antiguos cananeos, considerados como portadores de cargas. [67]

---

[67] Wellins Calcott *Una disquisición sincera de los principios y prácticas de la... Sociedad de masones libres y aceptados:* < tinyurl.com/ouvriers-du-Temple >.

Encontramos en *El perfecto masón o los verdaderos secretos de los cuatro grados de aprendices compañeros, maestros ordinarios y escoceses de la masonería* de 1744: "Cuando se trataba de reconstruir el templo del Señor, Zorobabel eligió entre los tres estados de la masonería los trabajadores más capaces; pero como los israelitas tuvieron que sufrir muchos obstáculos y obstáculos en el curso de su obra, por parte de los samaritanos y otras naciones vecinas, la obra nunca habría llegado a su fin, si este príncipe no hubiera tenido la precaución de crear un cuarto grado de albañiles, cuyo número fijó en 753, elegidos entre los artistas más excelentes. Estos no sólo tenían inspección sobre todos los demás, sino que también eran responsables de velar por la seguridad de los trabajadores; Hicieron la ronda todas las noches, tanto para avanzar en el trabajo como para reconocer obstáculos o prevenir ataques de sus enemigos. Como su trabajo era mucho más difícil que el de otros albañiles, también se les concedía un salario más ventajoso; y para poder reconocerlos, Zorobabel les dio una señal y palabras especiales".

En el *Ritual del Marqués de Gages* de 1763 [68]una aclaración de lo que pudo haber sido el toque de gratitud del maestro para recibir su pago durante la construcción del templo, antes de la muerte de Hiram especifica que "La *palabra que fue cambiada por la muerte que estos desafortunados Compañeros le dieron a nuestro Maestro Hiram fue "Jehová", pase* **3593, número de los Maestros** *que tuvieron la dirección de las obras* ". Después de la muerte de Hiram, se le dio un significado a estos cuatro números, se dice que: tres

---

[68]< tinyurl.com/Rituels-MarquisDeGages >.

forman, cinco componen, nueve fueron enviados a buscar el cuerpo del Maestro y tres lo asesinaron.

Los rituales del rito de York evocan también los textos del Antiguo Testamento: "Para su construcción se emplearon tres grandes maestros, asistidos por tres mil trescientos maestros o supervisores de la obra, ochenta mil compañeros o canteros que trabajaban en las canteras y montañas, y setenta mil aprendices o portadores de carga", a lo que la Biblia añade 30.000 hombres corvée.

El Regulador de la Gran Logia de 1801[69] así da el recuento de los trabajadores: el recuento que se hizo de todos los trabajadores los lleva a 183 300. La historia los llama **prosélitos,** que en nuestro idioma significa extranjeros admitidos, es decir, iniciados. Sepa: 5000 hombres pretendían cortar cedros en el Líbano, que sirvieron en tercios durante un mes; 70.000 aprendices, 80.000 oficiales y 3.300 maestros. Los habitantes de Mont-Cibel daban forma a los cedros y tallaban piedras.

El grado 13 de la REAA (Caballero del Real Arco), indica que hubo 3568 Maestros, que habían estado activos durante la construcción del Templo.

Tenga en cuenta que el cemento salomónico estaba compuesto de harina de trigo, leche, vino y aceite. Esta singular composición enseña que el Arquitecto utilizó la gentileza, la bondad, la sabiduría y el poder para cimentar el mundo. También enseña que las piedras sólo se mantienen unidas gracias al trabajo (salario) de los trabajadores.

---

[69] *El Regulador de la Gran Logia de 1801:*
<tinyurl.com/Regulateur-GL>.

Los textos masónicos presentan a Salomon como el cliente, el director del proyecto y el arquitecto.

Los arquitectos gozaban de gran consideración a los ojos de filósofos como Platón o Aristóteles; superaron a los pintores y escultores que no eran más que simples imitadores de la realidad.

En arquitectura todo era geometría y números y como todas las ciencias de la época, todo estaba íntimamente mezclado con la filosofía. Por ejemplo, cuando un arquitecto inventó un escenario para una obra de Esquilo teniendo en cuenta la perspectiva, la innovación atrajo la atención de los filósofos Anaxágoras y Anaximandro, quienes luego definieron científicamente los problemas de la perspectiva. El retrato que dibuja Vitruvio, y que todos los autores de los siglos XV y XVI retoman con tranquilidad, es el de un hombre universal, que conoce naturalmente las leyes de la geometría, las matemáticas, el uso de los materiales de construcción y el arte de las cimentaciones, pero versados también en óptica, meteorología, música, medicina y astronomía, y poseedores de conocimientos suficientes en filosofía, historia y jurisprudencia...

Según una leyenda, recogida en particular en el tercer escrito del códice IX de Nag Hammadi, Salomón *invocó a los demonios,* en particular, para poder completar la construcción del Templo. Este códice fue así descifrado: "El rey D[av]id, quien estableció[s] los cimientos de [Je]rusalén, y [su][hijo] Sal[o]m[o]n, [a quien engendró en[a] adulterio (y) quien construyó Jerusalén [gracias] a los Demonios, porque había recibido [un poder] negro. Sin embargo, cuando terminó de construir, encerró a los demonios en el templo (y) los metió en siete tinajas. [Permanecieron] mucho tiempo en las tinajas, abandonados allí. Cuando los romanos fueron llevados a Jerusalén, quitaron la tapa de las tinajas y en ese momento los Demonios salieron de las tinajas res]... [Sin embargo, desde aquellos días, (los Demonios) [permanecen] con los hombres que están [en] ignorancia y [y han permanecido en] la tierra".

Iluminación de la construcción

8 EL MISTERIO DEL SHAMIR

John Yarker, en un artículo sobre *The York Rite and Ancient Masonry in General,* señala que "en verdad, los trabajadores conspiraron ilegalmente para arrancarle a Hiram Abif un secreto, el del asombroso animal que tenía el poder de cortar las piedras. El secreto que perdieron los tres Grandes Maestros es el del insecto shermah (shamir), que se utilizaba para dar un perfecto pulido a las piedras ". Teniendo en cuenta esta observación de Yarker, ¿el secreto operativo del shamir sería "lo que se ha perdido"?

Asimismo, en la presentación del *Ritual Wooler,* que se asemeja al texto de Yarker, leemos en un catecismo de tercer grado: "Después de la construcción del Templo, los trabajadores del más alto grado, conocidos como " *Excelentes* ", aceptaron los grandes secretos relativos a el noble In... Sh..., que era lo que constituía el secreto de los tres Grandes Maestros y [por] el cual HAB fue asesinado"; el uso de abreviaturas que demuestren el carácter anteriormente esotérico, o que se supone que lo es, de la información.

En su *Miscellanea Latomorum,* el Dr. William Wynn Westcott ofrece un pasaje de un antiguo ritual que habla específicamente del secreto del insecto shamir y de los tres Grandes Maestros. Esta tradición masónica es ignorada hoy en día.

El shamir, del arameo *chamira,* "como un pedernal", era un organismo sobrenatural.

¿Era shamir un mineral, una planta o un animal?

En una leyenda abisinia se supone que era una especie de madera o hierba.

En hebreo bíblico, la palabra shamir (שָׁמִיר) se usaba en dos sentidos: o una punta hecha de una sustancia muy dura como el diamante (Jeremías 17,1 ; Zacarías 7,12), o espinas afiladas (Isaías 5, 6).

El Talmud y más tarde grandes rabinos describieron cómo el shamir, pasando por la superficie de una piedra, puede dividirla perfectamente en dos pedazos. El Talmud afirma que fue la "mirada" de un ser vivo la que provocó que la madera o la piedra se rompieran. Según el rabino Ba'hya, el shamir fue utilizado por Bezaléel en el momento de la construcción del Tabernáculo para grabar los nombres de las tribus en las piedras preciosas incrustadas en el pectoral del Sumo Sacerdote. La vara de Moisés, posiblemente hecha de shamir, podría haber partido esta roca en dos para hacer fluir el agua. Su esencia sobrenatural provenía de que se decía que había sido creado al anochecer, en vísperas del primer Shabat, durante los Seis Días de la Creación [70].

Este milagroso shamir habría sido creado especialmente en el principio del mundo para este uso operativo. Según

---

[70]En el sexto capítulo del quinto libro de Pirkeh Avot – el libro de los padres – está escrito: Diez cosas fueron creadas en la víspera del Shabat al anochecer: la boca de la tierra, la boca del pozo, la boca del el asno, el arco iris, el maná, la vara (de Moisés), el shamir, la escritura, el grabador (punta) y las tablas (de la Ley)

esta leyenda, cuando Salomón preguntó a los rabinos cómo construir el Templo sin utilizar herramientas de hierro, para cumplir, por supuesto, con el mandato del Deuteronomio (Éxodo ; 20,21 : Pero si me erigéis un altar de piedras, no la construyáis con piedras labradas, porque tocándolas con hierro las habéis profanado), le llamaron la atención sobre el shamir con el que Moisés había grabado el Nombre de las tribus en el pectoral del sumo sacerdote [71].

En la Enciclopedia Judía, en los cuentos y leyendas de Israel [72], encontramos esta leyenda que cuenta que, por recomendación de los rabinos y para no utilizar hierro, Salomón cortó piedras utilizando el shamir, un animal, un gusano cuyo solo toque dividir la piedra. Esta leyenda también se encuentra en la literatura árabe e incluso en el Corán.

En la literatura talmúdica existen numerosas referencias a *Shamir*. Se le han atribuido cualidades inusuales. Por ejemplo, podía desintegrar cualquier cosa, incluso algo tan duro como una piedra. Entre sus posesiones, Salomón la consideraba la más maravillosa. El rey Salomón estaba ansioso por poseer Shamir porque había oído hablar de ello. De hecho, fuentes rabínicas atribuyen el conocimiento del Shamir a Moisés. Después de mucho buscar a Shamir del tamaño de un grano de cebada, lo encontraron en una tierra lejana, en el fondo

---

[71]Para comprender la importancia del pectoral del Sumo Sacerdote de los Hebreos a través del simbolismo de las gemas incrustadas en él, lea el artículo nº 2 de 1892, *Urim y Tumim* : <tinyurl.com/L-Initiation-nvembre-1892-2 > .

[72]Arthur Weil, *Salomon y Asmodee* : <tinyurl.com/Salomon-et-Asmodee>.

de un pozo, transmitido a Salomón, pero extrañamente, perdió sus habilidades y quedó inactivo durante varios siglos después, alrededor de la época. El templo de Salomón fue destruido por Nabucodonosor.

Sorprendente y curioso *Shamir* ? ¿Qué es?

Se supone que la leyenda se basa en una corrupción de la palabra *Smiris,* que en griego significa esmeril, que era utilizada por los antiguos grabadores en sus obras y medallones, y que el nombre Shamir es simplemente la forma hebrea de la palabra griega [73].

Según los autores medievales, Rashi, Maimónides y otros, *Shamir* era **una criatura vivo,** un gusano; argumentando que Shamir no podía ser un mineral porque estaba activo. Este gusano mágico estaba dotado del poder de modificar la piedra, el hierro y el diamante, con su simple mirada. Además, fuentes rabínicas han transmitido la descripción del grabado de los nombres de las doce tribus en las doce piedras preciosas del pectoral del sumo sacerdote; Moisés no hizo esto tallando, sino escribiendo con cierto fluido y "mostrándolos" a Shamir, o exponiéndolos a su acción. En opinión de los autores modernos, la expresión "mostrado a Shamir" indica claramente que fue la mirada de un ser vivo la que realizó la división de la madera y las piedras. Se admite, sin embargo, que en las fuentes talmúdicas y En la literatura midráshica, nunca se afirma explícitamente que Shamir fuera una criatura viviente. Entonces Shamir/schamir/samur, como encontramos la expresión,

---

[73] Mackey, *Enciclopedia de la masonería* , pág. 709.: <tinyurl.com/shamir-grec>.

¿ un gusano del tamaño de un grano, o algo más, una piedra según las diferentes fuentes literarias ?[74]

Una fuente antigua, la obra *La Leyenda de Solimán y el Testamento de Salomón,* escrita en griego, probablemente a principios del siglo III d.C., se refiere a Shamir como **una piedra verde,** siendo el shamir una piedra de cristal verde de gran poder.[75]

Sólo se sabe que existió un shamir. Está tallado con forma de **escarabajo,** un escarabajo de la especie *Sacer ateuchus.* Esta es la razón por la que se confundió al shamir con un insecto.

Pero ¿cómo podría una piedra verdosa cortar el diamante más duro con sólo su mirada?

Echemos un vistazo a lo que cuenta Louis Guinzberg, en 1909, en *Las leyendas de los judíos,* quien, inspirado en la exégesis rabínica, relata la historia de una manera fantástica: el shamir fue creado al anochecer del sexto día con otras cosas extraordinarias.. No era más grande que un grano de cebada y poseía el notable poder de tallar los diamantes más duros. Es por esta razón que habría sido utilizado por Bezaléel (בְּצַלְאֵל), y no Moisés, en el momento de la construcción del Tabernáculo para grabar las piedras del pectoral que llevaba el sumo sacerdote [76]. Primero se trazaban con tinta los nombres de las doce

---

[74] *El Shamir y el gusano de piedra* : <tinyurl.com/shamir-et-pierre>.

[75] Según las crónicas de Tabari Med Ibn Djarir, de Sabine Baring-Gould, Ahimaaz bin Tsadok, Louis Ginzberg, John D. Seymour, Capítulo 7, página 10 nota 31: <tinyurl.com/legende-Solimán>.

[76] < tinyurl.com/pectoral-grand-pretre >.

tribus sobre las piedras que debían colocarse en el pectoral, luego se conducía al shamir sobre las líneas trazadas y así se grababan. Circunstancia milagrosa, el recorrido no llevaba ninguna partícula de piedra.

El shamir también se utilizaba para cortar las piedras con las que se construyó el Templo, porque la ley prohibía el uso de utensilios de hierro para cualquier trabajo destinado al Templo. Para conservarlo, el shamir no debe colocarse en ningún receptáculo de hierro o metal, ya que esto haría que estallara. Se guarda envuelto en una manta de lana que a su vez se coloca en una cesta de plomo llena de salvado de cebada. El shamir permaneció en el Paraíso hasta el día en que Salomón lo necesitó. Envió al águila a buscar el gusano.

La manera en que Shamir fue mantenido a salvo puede darnos una pista: "El Shamir no puede ser puesto en un recipiente de hierro para su custodia, ni en ningún recipiente de metal: un recipiente así estallaría. Se guarda envuelto en lana dentro de una caja de plomo llena de salvado de cebada. Esta frase está tomada del capítulo 48b del Talmud de Babilonia y contiene una pista importante; porque, con los conocimientos actuales podemos adivinar fácilmente quién o más bien qué era Shamir: era una sustancia radiactiva; Las sales de radio, por ejemplo, al actuar sobre otras sustancias químicas determinadas, pueden emitir una luminiscencia de color amarillo verdoso.

Esto explicaría cómo se había grabado el pectoral del sumo sacerdote : las letras estaban escritas con tinta y las piedras eran expuestas una tras otra a la "mirada" o resplandor del Shamir. Esta tinta debe haber contenido plomo en polvo u óxidos de plomo. Las partes de las piedras que no estaban protegidas por plomo se desintegraron sin dejar partículas de polvo que, según este Talmud, parecían particularmente maravillosas. Las partes protegidas por tinta de plomo destacaban en relieve sobre la superficie de las piedras preciosas (la mayoría de las gemas, como el diamante, el zafiro, la esmeralda o el topacio, se decoloran por la radioactividad. Otras piedras preciosas, como el ópalo, están hechas de cristales de sílice hidratada (La radiación alfa los desintegra rompiendo el enlace con el agua, se volatiliza sin dejar residuos).

La posesión más valiosa de Salomón, su *Shamir,* no sobrevivió con el tiempo, quedó inactiva. La versión habitual de la historia, "el desaparecido Shamir", no corresponde a la traducción exacta del texto hebreo. La palabra *batel* utilizada para describir el fin o la desaparición de Shamir tiene un solo significado: "Quedarse inactivo ".

En los cuatrocientos años transcurridos entre la construcción del primer Templo y su destrucción por Nabucodonosor en 587 a. C., una sustancia radiactiva podría haberse vuelto inactiva (el radio pierde aproximadamente el uno por ciento de su radiactividad cada 25 años).

¿Será el secreto de Hiram el uso de una especie de láser radiactivo que sus malvados compañeros querían arrebatarle?

Para completar este aspecto lea el texto La *física moderna y el chamir* :[77]

---

[77] Lamed.fr, *Física moderna y chamir:* <tinyurl.com/physique-et-chamir >.

9 NOCIONES DE ARQUITECTURA

El espacio público es un lugar de memoria y portador de significados económicos, históricos o espirituales que van más allá y abarcan todo el territorio de la ciudad. Una creación emergente en un barrio puede tener resonancia en el resto de la ciudad. Los monumentos muestran que la ciudad no sólo está hecha de piedras u hormigón sino también de una historia de hombres que, a través de su actividad y su creatividad, han forjado su identidad. Como escribe Víctor Hugo, " durante los primeros seis mil años de existencia del mundo, desde la pagoda más inmemorial del Indostán hasta la catedral de Colonia, la arquitectura fue la gran escritura de la humanidad. Y esto es tan cierto que no sólo cada símbolo religioso, sino también cada pensamiento humano tiene su página en este inmenso libro y su monumento.

De ser estrictamente religiosa, la arquitectura griega adquirió una dimensión completamente nueva, y las ciudades helenísticas desarrollaron gradualmente la arquitectura civil en piedra. Los principios de simetría y racionalismo siguen ahí, pero aparece una nueva preocupación: armonizar la arquitectura con la configuración de lugares y paisajes. Los teatros, construidos en la ladera de la colina, son un ejemplo perfecto. Por todas partes aparecen edificios deportivos o residencias privadas de piedra mientras las estoas delimitan el entorno urbano. Cada edificio se beneficia ahora del mismo cuidado que la arquitectura religiosa anterior y demuestra un gusto por el boato y el esplendor.

Hay lugares privilegiados, conectados con el interior sagrado y colectivo, que permiten elevarse hacia una mejor comprensión de uno mismo y de los demás, así como de lo Indefinible. Los lugares sagrados como las catedrales, así como los templos antiguos y, en particular, el Templo de Salomón, están construidos según proporciones humanas. El plano de Chartres lo destaca: en el cruce del crucero se encuentra el corazón, estando la cabecera en el santuario o Lugar Santísimo. El director del proyecto trabaja en el material que debe animar y sus proporciones rítmicas responden a una matemática viva, vegetal o humana.

La concepción teológica del arte en el siglo XIII se puede resumir en una búsqueda de la perfecta mediación entre la belleza pura que sólo pertenece a Dios y el espejo que el artesano-artista debe ofrecerle a Él a través de su obra para que ésta se revele al ojos de los hombres. En tal contexto espiritual, donde el mundo es visto como obra del mayor arquitecto, no existe una separación real entre espíritu y materia, arte y tecnología. Según Jacques Trescases, "una verdadera arquitectura debe permitir el encuentro de la piedra y la luz en una relación que no sea la de una iluminación acusatoria sino la de un deseo de asunción de una hacia la otra. En este contacto con la creación divina y humana, en este fluir de la luz desde el balcón a la columna, desde la columna a la escultura, la luz se convierte en una metafísica y en un socio al menos igual al hombre. Charles-Edouard Jeanneret, conocido como Le Corbusier, también definió la arquitectura como "el correcto y magnífico juego de volúmenes bajo la luz", por luz entendía el Conocimiento [78].

Para consideraciones arquitectónicas de las construcciones del Arca y del Tabernáculo, así como del Templo y los Palacios de Salomón, véase el texto de Daniel Ramée dedicado a Judea en su *Historia general de la arquitectura... Volumen 1.*[79]

La arquitectura es una ciencia de ritmos que sacraliza el espacio. La luz siempre se utiliza en el diseño de los lugares de culto. Ya sean religiosos o ateos, los diseñadores parecen no tener más remedio que manipular la luz. El uso de la luz en los edificios religiosos parece estar establecido desde Vitruvio. [80]Su aporte va más allá del simple hecho de utilidad, se convierte en un material "dador" de vida a las imágenes de las divinidades. Necesario para expresar la belleza anagógica, promueve a través de su influencia la idea de lo divino sublimando las atmósferas de los lugares de meditación. También podemos pensar que las relaciones de las dimensiones de las construcciones son números cuyas vibraciones inducen estados particulares en los

---

[78]<academia.edu/5184076/>.

[79]Daniel Ramée dedicado a Judea en su *Historia General de la Arquitectura... Volumen 1:* <tinyurl.com/etude-architecture>.

[80] Abdelouahab Bouchareb, *Vitruvio: templos y luz* : <tinyurl.com/temple-et-lumiere>.

seres, permitiendo que las energías espirituales entren al cuerpo.

libros de piedra, que revelan la Gran Obra ilustrada, entre otras cosas, por un bestiario alquímico.

Según Vitruvio, el arquitecto, además de dominar el arte de la construcción, debe estar versado en disciplinas tan diversas como las letras, la geometría, la óptica, la aritmética, la historia, la filosofía, la música, la medicina, el derecho y la astronomía, campos tantos que sin duda fundaron la concepción italiana del arquitecto como hombre universal. Desde la Edad Media hasta el Renacimiento, la construcción no es una actividad puramente técnica sino un arte que moviliza el conocimiento humano más elevado. La geometría, esta ciencia extraordinaria que encuentra su cumbre en la estereotomía, materializa de alguna manera la capacidad del masón para captar la complejidad del mundo [81].

Los libros de las Constituciones de Anderson, iniciados por Anderson y continuados por Entick y Noorthouck, contienen, bajo el título de Historia de la Francmasonería, en realidad una historia del progreso de la arquitectura desde las edades más tempranas. En el antiguo manuscrito de las Constituciones de Anderson, la ciencia de la geometría y la arquitectura son de hecho idénticas a la masonería. Para Roger Dachez, "la arquitectura es el lugar elegido para la expresión del

---

[81] **Otra mirada a los orígenes operativos de José Gulino, en *La regla y el compás o algunas fuentes operativas de la tradición masónica* , 2013.**

pensamiento y la filosofía religiosos y espirituales de todo el mundo".

Víctor Hugo termina el capítulo *Esto matará el* de *Notre Dame de París de 1482* con la apología del libro de papel contra el libro de piedra : "Cada día se levanta una nueva fundación. Independientemente del aporte original e individual de cada escritor, hay contingentes colectivos... allí también hay confusión de lenguajes, actividad incesante, trabajo incansable, competencia feroz de toda la humanidad, refugio prometido a la inteligencia contra un nuevo diluvio, contra una hundimiento de los bárbaros. Es la segunda Torre de Babel de la raza humana.[82]

Los arquitectos gozaban de gran consideración a los ojos de filósofos como Platón o Aristóteles; superaron a los pintores y escultores que no eran más que simples imitadores de la realidad.

En arquitectura todo era geometría y números y como todas las ciencias de la época, todo estaba íntimamente mezclado con la filosofía. Por ejemplo, cuando un arquitecto inventó un escenario para una obra de Esquilo teniendo en cuenta la perspectiva, la innovación atrajo la atención de los filósofos Anaxágoras y Anaximandro, quienes luego definieron científicamente los problemas de la perspectiva. El retrato que dibuja Vitruvio, y que todos los autores de los siglos XV y XVI retoman con tranquilidad, es el de un hombre universal, que conoce naturalmente las leyes de la geometría, las matemáticas, el

---

[82]Victor Hugo, *Esto matará aquello* en *Notre Dame de París* p. 142: <tinyurl.com/ceci-tuera-cela>.

uso de los materiales de construcción y el arte de las cimentaciones, pero versados también en óptica, meteorología, música, medicina y astronomía, y poseedores de conocimientos suficientes en filosofía, historia y jurisprudencia...

El arquitecto medieval utiliza como emblemas de su dignidad los tres instrumentos de la geometría: el compás, la regla y la escuadra. Por tanto, se refiere sobre todo a los conocimientos teóricos y a las capacidades conceptuales y no simplemente a la profesión practicada. Sin embargo, los arquitectos de las catedrales góticas han guardado silencio. ¿Por qué? Respuestas en el texto de Laurent Ridel sobre el anonimato de los arquitectos catedralicios [83].

En arquitectura, uno de los problemas es la referencia básica de medición.

He aquí una hipótesis atractiva: ¡ **con la gota de agua podremos medirlo todo!**
La inundación del Nilo duró 4 meses y arrastró sedimentos a los cultivos. Para encontrar las medidas de los campos después de la recesión, los arpedonaptos utilizaban cuerdas anudadas. El problema con la unidad de medida para su espaciamiento era que debían encontrar un referente fijo (las partes del cuerpo del faraón, pies, codos, etc. cambiaban con cada nuevo reinado); una atractiva hipótesis sostiene que el diámetro de una gota de agua del Nilo se mantuvo, su dimensión

---

[83] Laurent Ridel, *Decodificando iglesias y castillos. ¿Por qué se desconocen los nombres de sus arquitectos?* < tinyurl.com/architectes-inconnus >.

sobre una superficie impermeable se afirma que es constante y mide un centímetro ; A esta unidad le llamarán "dedo real" (10 dedos reales se llamarán mano real, decímetro, 100 dedos reales equivalen a una pierna real, un metro).

Además, a partir del sexto de la circunferencia de la pierna real, la medida de 52,36 (cm) gotas de agua pasará a ser la constante real (codo real, también llamado codo hebreo). ¡Todo Egipto tendrá así como norma, una constante universal llamada codo real, unas pocas gotas de agua! Así integraron para las medidas de las pirámides, las constantes universales que fueron los primeros en descubrir, Pi (que serían 22, las letras del alfabeto hebreo, divididas por 7), Phi, el codo real y el codo real. pierna como, entre otros, en la cámara real de Keops [84].

No es tanto la medida de la unidad lo que cuenta sino las relaciones entre los elementos de la construcción que producirán las formas [85]. " Debes saber que la parte esencial del sistema geométrico del primer Renacimiento es un sistema modular, en el que cada orden de la arquitectura define una regla aritmética proporcional entre los anchos, altos y profundos de un edificio y sus partes. Este sistema modular, ya ampliamente descrito por Vitruvio, permite modular un edificio entero a partir de un número entero de módulos cuya unidad básica está determinada por el diámetro de la columna [86].

---

[84]Para **medidas medievales** consultar el artículo de Alexis Seyd: <irna.fr/Mesures-medievales.html>.

[85]Vídeo, Fehmi Krasniqi, *La Gran Pirámide K2019* : < tinyurl.com/Grande-pyramide>.

[86] François Gruson: *El espíritu y el símbolo en la arquitectura, la proporción divina* : <tinyurl.com/la-divine-proportion>.

Arquitectura Masónica

Un análisis relevante fue realizado por François Gruson en su tesis *Práctica ritual y forma del espacio: el templo masónico: forma, tipo y significado* [87]. De esto conservaremos algunas reflexiones.

La arquitectura construida por masones para masones (es decir, la arquitectura de los templos masónicos) es masónica en la medida en que implementa un programa funcional (vinculado principalmente a la práctica de rituales y fiestas) y simbólico (por el establecimiento del espacio y las decoraciones) vinculado a una práctica específicamente masónica.

El estudio de los rituales antiguos o de la iconografía tal como aparece desde los orígenes en las revelaciones permite reconstruir una verdadera historia de los lugares masónicos, desde las tabernas (pubs en Londres, trastiendas de las empresas de catering en París), los salones de los notables en las provincias, hasta locales diseñados para tal fin, y finalmente locales estrictamente dedicados a usos masónicos, finalmente llamados "templos" después de la Revolución. El templo masónico suele constituir un escenario, como un decorado de teatro, en el que la interpretación simbólica puede tomar todo su poder.

Para François Gruson, la arquitectura masónica es una especie de vehículo que nos permite pasar del mundo

---

[87] François Gruson, *Práctica ritual y forma del espacio: el templo masónico: forma, tipo y significado* : <tinyurl.com/rituel-et-espace>.

material y tangible, el del cuerpo y la inmanencia, al mundo inmaterial, el del espíritu y la trascendencia. La creación en el ^siglo XVIII del templo masónico como modelo arquitectónico responde a una doble necesidad, tanto mental como física. En el nivel mental, el desarrollo de un sistema codificado de dispositivos espaciales y ornamentales fija los roles de los diferentes actores al mismo tiempo que fija las prácticas rituales de la masonería (proxémica). A nivel físico, este modelo responde a una necesidad de perpetuar estos dispositivos y facilitar su implementación material, incluso en sus aspectos más prácticos.

En el frontispicio de la edición de 1786 de las Constituciones de Anderson, el grabador Cipriani representa el templo de la Gran Logia de Londres (construido en 1775-1776 según los planos del arquitecto Sandby), cargado de herramientas científicas simbólicas y una nebulosa aparición alegórica de virtudes teologales (*La Verdad, sosteniendo su espejo, ilumina el interior de la Sala de los Masones*).
Sin embargo, cabe señalar que aparece claramente una distinción entre una arquitectura visible, incluso mostrada, que es la de una masonería institucional vinculada a las prácticas religiosas o políticas del país (principalmente anglosajones) o de la época, y una arquitecta invisible, ya sea porque ha desaparecido o porque puede parecer oculta porque se supone que no debe ser vista por el público profano.

El gran templo de la calle Jules Breton de París, sede de la Orden Masónica Mixta Internacional Le Droit Humain, inscrito en el inventario de Monumentos Históricos en junio de 2013 "adquiere una dimensión activista destinada a mostrar, en el espacio público, la naturaleza y las convicciones de la Orden y, a través de la evocación de los mitos originales, proclama, a otras obediencias, la legitimidad de la presencia de las mujeres en la Masonería.

La forma del espacio arquitectónico masónico debe entenderse como el resultado de una práctica ritualizada del espacio.

Algunos templos masónicos notables

Extracto de *la pintoresca historia de la masonería y de las sociedades secretas antiguas y modernas.*
por F.-TB-Clavel (1844)[88]

ALTENBURG (Alta Sajonia): Ubicación de la logia de Arquímedes, de tres tablas, una de las más bellas de Alemania. Con motivo de su inauguración se acuñó una medalla. **BALTIMORE** (ESTADOS UNIDOS): Templo Masónico para las asambleas de todas las logias de esta ciudad. Este edificio le costó a la empresa 40.000 dólares (212.000 francos). **BRUNSWICK** : Local de la logia de Carlos con la columna coronada. **BRUSELAS** : Templo de la Logia de los Amigos Filantrópicos, uno de los más bellos, grandes y completos que se conocen. Está especialmente destinado a conferir los diferentes grados del antiguo y aceptado Rito Escocés al que pertenece la logia. **CABO DE BUENA ESPERANZA** : La logia holandesa Good Hope, establecida en esta localidad, hizo construir

---

[88]F.-TB- Clavel, *Pintoresca historia de la masonería y de las sociedades secretas antiguas y modernas* : <tinyurl.com/Clavel-Histoire-pictoresque>.

un magnífico templo en 1805, cuyo gasto ascendió a más de una tonelada de oro. **DARMSTADT :** Templo de la logia de San Juan Evangelista, en la Concordia, construido en 1817. El gran duque de Hesse donó el terreno, toda la madera necesaria y una suma considerable, extraída de su casete y de fondos estatales, destinada a cubrir otros costos de construcción. El propio Gran Duque colocó la primera piedra del edificio, en cabeza de los hermanos, el 14 de junio. Este es el primer ejemplo de una procesión pública de masones en esta parte de Alemania. **EDIMBURGO :** Local de la Gran Logia de Saint-Jean, en Niddry-Street. Este edificio era antiguamente una sala destinada a la celebración de conciertos, y que se llamaba sala Sainte Cécile. La Gran Logia lo adquirió y lo apropió para el trabajo masónico. Las logias dentro de su jurisdicción le ayudaron mucho con sus suscripciones. Sólo la logia de la Capilla de María pagó una suma de 1.000 libras esterlinas (25.000 francos). - La logia de Mary's Chapel también es propietaria de la sala donde celebra sus sesiones, en High Street, Edimburgo. **FRANKFURT AM MAIN :** Cada una de las logias de esta ciudad ha hecho construir por su cuenta locales para sus sesiones. La mayoría de estos locales cuestan sumas considerables. Se dedican salas especiales a los círculos, frecuentadas todas las noches por miembros de la logia y por albañiles de otros talleres de la ciudad, que se visitan entre sí. Hay bibliotecas, salas de lectura e incluso restaurantes. **FREIBERG** (Sajonia): Lodge Templo de las Tres Montañas. **GLOEAU** (Baja Silesia): Templo de la logia en Leal Meeting. **GOTHA :** Templo de la logia Ernest au Compas. Construcción muy elegante y bonita. **HALLE** (región de Magdeburgo). Templo de la Logia de las Tres Espadas. **LEIPZIG :** Edificios de la escuela dominical de los masones.

LONDRES : Salón de los masones. Este magnífico edificio, cuya construcción costó a los constructores ingleses más de 750.000 francos, fue erigido en 1775. La longitud del edificio es de 92 pies, su ancho de 45 y su altura de más de 60. La decoración de la sala de reuniones es increíblemente rica.. La bóveda está decorada con un sol de oro bruñido, rodeado por los doce signos del zodíaco. El órgano, situado en la parte oriental, costó 25.000 francos. En esta sala sólo se reúne la Gran Logia. Muchas de las logias de Londres, condados y posesiones de ultramar también han construido grandes edificios a sus expensas para la celebración de sus asambleas. **MARSELLA:** La mayoría de las logias de esta ciudad poseen los locales en los que celebran sus sesiones. El templo de la Logia de los Escoceses es uno de los más grandes y ricamente decorados que se conocen. El albergue en sí tiene entre veinticinco y cien pies de profundidad. **NUEVA YORK** : Salón de los masones. La primera piedra de este hermoso monumento fue colocada el 25 de junio de 1826. El edificio es de puro estilo gótico construido en piedras de granito. El frente es de 50 pies; profundidad de 125 pies; la altura de 70 pies, sin contar los torreones que tienen más de 10. Entre las singularidades que presenta esta construcción, hay que mencionar la puerta del medio, que es de roble macizo, de una sola pieza y de 4 pies de alto. **NORDHAUSEN** (Turingia): Templo de la Logia de la Inocencia Coronada. Es un edificio de muy reciente construcción. **PARÍS** : Templo Masónico, rue de la Douane. Este templo, destinado a las sesiones del Gran Oriente de Francia y de las logias de su jurisdicción establecidas en la capital, no tiene nada destacable en su exterior; pero el interior es amplio, convenientemente distribuido y decorado con tanto gusto como riqueza.

Los demás locales de París están gestionados por empresarios que los alquilan a los albergues por sesión. **FILADELFIA** (Estados Unidos): Templo masónico de estilo arquitectónico gótico. Este edificio se construyó mediante suscripción y costó sumas enormes. Es el monumento más bello de Filadelfia. La Gran Logia y todas las logias de la jurisdicción establecida en la ciudad y sus alrededores, los capítulos del Royale-Arche y los campamentos de los Caballeros del Temple y de los Caballeros de Malta celebran allí sus asambleas por turno. Fue construido en 1819 en el lugar de otra Sala Masónica que había sido destruida por un incendio. Los comisarios encargados de recoger las suscripciones se presentaron en casa del célebre Stéphen Gérard, tan conocido por su inmensa fortuna. Se inscribió por 500 dólares (2.675 francos). Sorprendidos de que un hombre que hacía tiempo que había dejado de frecuentar las logias hiciera una donación tan magnífica, los coleccionistas expresaron su agradecimiento en nombre de la albañilería. "¡Así que me suscribí por una suma muy grande !" dijo Stéphen Gérard. Tomó nuevamente la lista y añadió un cero al número que allí había escrito; lo que elevó su suscripción a 5.000 dólares, o 26.750 francos. Inmediatamente entregó el importe a los comisarios, diciéndoles: "Esto es más digno de Stéphen Gérard y justificará un poco mejor su agradecimiento". En muchas otras ciudades de los Estados Unidos, las logias han hecho construir hermosas y amplias instalaciones masónicas, a sus expensas. Pero, ya sea por capricho o porque la construcción de estos locales carece de las comodidades necesarias, los hermanos generalmente prefieren reunirse en el piso más alto de alguna casa particular. **PUERTO PRÍNCIPE :** Templo de la Estrella de Haití, cuya primera piedra fue colocada solemnemente el

25 de enero de 1842 por el gran maestre del Gran Oriente de Haití, el general Inginac, y por una gran afluencia de canteros decorados con sus insignias. **POSEN:** Templo Masónico, construido en 1817, para las asambleas de logias de esta ciudad. La primera piedra fue colocada, con un gran aparato masónico, el 5 de mayo, por todos los hermanos reunidos. **ROTTERDAM** : Templo Union Lodge, construido en 1805.

10 ÓRDENES DE LA ARQUITECTURA

En el cartucho desvelado durante la ceremonia de aumento, durante el segundo viaje del devenir compañero, podemos leer "Las Artes", a veces "Los órdenes de la arquitectura".

El orden arquitectónico está dado por las proporciones y disposiciones que se dan a las partes de un edificio para formar un todo, no sólo regular, sino sobre todo armonioso. En el ^{siglo} ^{XVI}, sugerido por Vitruvio, Sebastiano Serlio en su *Regole generali Architectura* estableció en un tablero los cánones de la arquitectura occidental con una representación de cinco órdenes que se convertirán en clásicos hasta nuestros días. Estos cinco modos de disposición de los elementos arquitectónicos se utilizaron en la Antigüedad: el orden dórico, el orden toscano, el orden jónico, el orden corintio y el orden compuesto.

Un pedido consta de **tres partes principales; el pedestal, la columna y el entablamento.** Cada una de estas partes se subdivide en otras tres que también se denominan miembros arquitectónicos. Así el pedestal tiene una base, un troquel y una cornisa; la columna tiene base, fuste y capitel; el entablamento un arquitrabe, un friso y una cornisa. A veces sucede que la primera de las tres partes principales (el pedestal o incluso la base de la columna) se elimina sin que el resto deje de constituir un orden; pero cuando se quita el entablamento, o cuando se modifica hasta privarlo de una de sus tres partes constitutivas, todos los miembros restantes ya no pueden recibir el nombre de orden.

En cuanto a la columna, por mucho que se hayan eliminado miembros de un orden, nunca falta, porque es la parte esencial, indispensable, y sin la cual no habría orden arquitectónico. También es por el tamaño de su fuste como regulamos las proporciones de los distintos órdenes, y por la forma y decoración de su capitel como mejor los caracterizamos. El principio fundamental de los pedidos es, por tanto, el módulo, es decir, la anchura básica, tomada del diámetro de la columna. A continuación, todo el sistema se descompone según un esquema puramente proporcional. Sus relaciones geométricas son extremadamente complejas.
De los cinco órdenes conservados por la arquitectura clásica, dos, el toscano y el dórico, tienen sus capiteles compuestos únicamente de molduras, mientras que los otros tres tienen sus capiteles decorados con follaje o volutas llamadas volutas.

Los griegos utilizaron el dórico, el jónico y el corintio, a los que los romanos añadieron el toscano y el compuesto. Según Vitruvio, si la columna dórica simboliza el cuerpo del hombre, la jónica el de la mujer, la orden corintia simboliza el cuerpo de la joven. La referencia a una planta también permite convertirla en símbolo de la naturaleza y, más en general, de la vida y su renovación. El sistema proporcional determina características morfológicas cercanas a las del cuerpo humano. Así, el orden dórico, considerado más rechoncho por sus proporciones, se equipara a la fuerza viril. Por el contrario, la columna jónica, más esbelta, se reconoce como indiscutiblemente femenina, también por su capitel decorado con volutas. Esta sexualización de los órdenes de la arquitectura es importante en la cuestión del significado que queremos darle al edificio que los utiliza. Sin que sea una regla general, utilizaremos el orden dórico para el templo dedicado a Apolo en Delfos, el orden jónico para el templo de la victoriosa Atenea en Atenas y el orden corintio para el templo de Vesta en Roma (apreciaremos la complejidad de los órdenes arquitectónicos con *Los diez libros de arquitectura de Vitruvio, corregidos y recién traducidos al francés con notas y figuras,* 1673, en particular el Libro IV de la obra que evoca el origen y la invención de los tres órdenes principales [89].

Un curioso artículo, *El gran misterio de los masones descubiertos,* publicado en 1724, da cuenta del contenido de un documento encontrado sobre un masón muerto, donde encontramos preguntas y respuestas de lo que parece ser un folleto de instrucciones masónico en el que

---

[89] *Los diez libros de arquitectura de Vitruvio, corregidos y recién traducidos al francés con notas y figuras,* a partir de la página 99: <tinyurl.com/les-ordres-principaux>.
Los amantes del orden arquitectónico leerán con interés la reseña sobre el tema escrita por Philibert De l'Orme en 1585 en su obra *Arquitectura ,* en el *capítulo Cinquiesme Livre:* <tinyurl.com/ordre-architectural>.
Véase también Las *reglas de los cinco órdenes de la arquitectura* de Giacomo Barrozzio De Vignole:
< tinyurl.com/architectural-rules >.

se explican los órdenes de la arquitectura y las formas geométricas están relacionadas : la toscana, la dórica, la jónica, la corintia y la compuesta corresponden a la base, la perpendicular, el diámetro, la circunferencia y el cuadrado [90].

"Uno podría preguntarse acerca de la costumbre masónica no tradicional de asimilar los tres pilares de la logia a tres columnas de diferentes órdenes. Si podemos entender la asimilación de la Fuerza con la virilidad dórica y la Belleza con la elegancia femenina de lo corintio, menos entendemos el acercamiento de la Sabiduría con lo jónico. Esto nos recuerda, si lo necesitáramos, hasta qué punto la interpretación del lenguaje simbólico refleja sobre todo las preocupaciones de la época que los formuló [91].

William Preston en su obra *Ilustraciones de mampostería*, especifica las clases particulares del Orden Arquitectónico y explica las calificaciones requeridas para avanzar en cada una [92].

---

[90] Para descargar para leer *El Gran Misterio de los Masones Descubierto* : <tinyurl.com/textes-a-telecharger>.

[91] Nota 15 de François Gruson del texto: <academia.edu/5184244>.

[92] William Preston, *Ilustraciones de mampostería:* <tinyurl.com/ilustraciones-FM>.
Para entender la diferencia entre estilo románico y estilo gótico, Laurent Ridel, *Roman vs Gothique* , vídeo: <tinyurl.com/roman-vs-gothique>.

El orden compuesto

El orden compuesto es un orden arquitectónico de creación romana cuyo aspecto, por combinación de capiteles jónicos y corintios, está especialmente determinado por un capitel con volutas y hojas de acanto. La columna compuesta tiene una altura igual a diez diámetros.

Wiliam Preston dice: El compuesto se compone de otros órdenes y fue inventado por los romanos. Su capitel tiene dos hileras de hojas corintias y volutas jónicas. Su columna es de cuarto de círculo como los órdenes toscano y dórico, tiene diez diámetros de altura y su cornisa tiene dentillos o modilli simples.

Este pilar suele encontrarse en edificios donde se unen fuerza, elegancia y belleza.

La orden corintia

Se debería al escultor Calímaco de Corinto.

El arte corintio apareció en el $^{\text{siglo IV}}$ a.C. J.C. Al igual que el orden jónico, se centra en la representación de motivos decorativos. La naturaleza ofrece modelos a los escultores. Así, para adornar el capitel, los artistas imitaron una planta ornamental de hojas elegantemente cortadas, llamada acanto, y es esta decoración vegetal, calificada de virginal, la que define el orden corintio. El orden corintio es el segundo de los tres órdenes arquitectónicos griegos. Según Vitruvio, si la columna dórica simboliza el cuerpo del hombre, la jónica el de la mujer, la orden corintia simboliza el cuerpo de la joven. Vitruvio explica su origen en el primer capítulo del Libro

IV de su *Diez libros de arquitectura* : [93]"Una joven de Corinto, al morir, su enfermera colocó sobre su tumba una cesta que contenía sus objetos familiares. Para proteger su contenido, colocó un azulejo encima. Habiendo sido colocada la cesta sobre una raíz de acanto, las hojas y los tallos pronto la envolvieron y, constreñidos por la teja, se curvaron formando así volutas . El escultor ateniense Calímaco al pasar por esta tumba, seducido por esta inesperada disposición de las hojas alrededor del cesto, decidió imitarlo y adaptarlo a las columnas que estaba creando ajustando las proporciones y el estilo del modelo a este modelo. '.

Wiliam Preston dice al respecto: El corintio, el más rico de los cinco órdenes, se considera una obra maestra del arte y fue inventado en Corinto por Calímaco. Su columna tiene diez diámetros de altura y su capitel está decorado con dos hileras de hojas y ocho volutas que sostienen el ábaco. El friso está decorado con curiosos artefactos, la cornisa con dentiles y modillones. Este orden se utiliza en estructuras majestuosas y soberbias:

El orden dórico

Su nombre proviene de Dorus, hijo de Hellên, rey de Acaya y del Peloponeso. El arte dórico, el más antiguo, floreció en el siglo V. AV. Veinte surcos dan relieve a las macizas columnas que rematan en la parte superior con capiteles de lomos planos, lisos, sin escultura, desnudos, sin decoración. El estilo dórico se caracteriza por la ausencia de base.

---

[93] Vitruvio, *Diez libros de arquitectura*: <tinyurl.com/ordre-corinthien>.

Vitruvio explica que está construido sobre la base de las proporciones del cuerpo humano masculino: "Cualquiera que fuera el tamaño de una columna a su pie, ellos [los arquitectos] le dieron seis veces la altura, incluido el capitel. Así fue como la columna dórica tomó la impronta de las proporciones, la fuerza y la belleza del cuerpo humano [94].

El orden dórico es el más simple y simplificado de los tres órdenes griegos. Wiliam Preston dice: El orden dórico, simple y natural, es el más antiguo y fue inventado por los griegos. Su columna tiene ocho diámetros de altura y rara vez presenta adornos en la base o capitel, salvo molduras; aunque el friso se distingue por triglifos y metopas, y los triglifos conforman los ornamentos del friso. La sólida composición de este orden le da preferencia, en estructuras donde se requiere principalmente fuerza y noble sencillez. El dórico es el mejor proporcionado de todos los órdenes. Las distintas partes que lo componen se basan en la posición natural de los cuerpos sólidos. En su primer invento, era más sencillo que en su estado actual. Posteriormente, cuando empezó a decorarse, tomó el nombre de dórico; porque cuando fue construida en su forma primitiva y simple, se le dio el nombre de Toscana. Por tanto, el toscano precede al dórico en rango, por su parecido con este pilar en su estado primitivo.

---

[94] Ibídem: <tinyurl.com/ordre-dorique>.

El orden jónico

Provendría de los jonios de Asia y del templo de Éfeso. El orden jónico se desarrolló en la segunda mitad del siglo V a.C. ANUNCIO Se caracteriza por la adición, en la parte superior de las columnas estriadas, que se han vuelto más refinadas, de un motivo esculpido. Una voluta se enrolla como una espiral en la parte superior del fuste de la columna. El orden jónico (también llamado columna jónica) se revela en particular por su capitel con volutas, por su fuste decorado con 24 ranuras y por su base moldeada. En las volutas se evocaría la ola de la diosa de la belleza, Venus, la dama del mar por nacer del mar, que hace referencia a Afrodita, Astarté o Asera. Vitruvio relata que los efesios, con motivo de la construcción del templo a Artemisa (Diana), divinidad femenina, querían crear un orden cuyas proporciones fueran las del cuerpo de la mujer, más esbelto, es decir, una altura ocho veces igual a el diámetro de la columna [95].

Wiliam Preston dice al respecto: El jónico guarda una especie de proporción intermedia entre el orden más sólido y el más delicado. Su columna tiene nueve diámetros de altura; su capitel está decorado con volutas y su cornisa con dentiles. Hay tanto delicadeza como ingenio en este pilar; cuya invención se atribuye a los jonios, al igual que el famoso templo de Diana en Éfeso. Se dice que se formó siguiendo el modelo de una joven agradable, de formas elegantes y peinada; en contraste con el orden dórico, que se formó a partir del de un hombre fuerte y robusto.

---

[95] Ibídem: <tinyurl.com/ordre-ionique>.

La orden toscana

El orden toscano, orden de la arquitectura clásica, es una forma simplificada del orden arquitectónico dórico griego. Las columnas toscanas tienen siete diámetros de altura, incluyendo la base y el fuste. El lomo es más redondeado y el cañón más curvado. Vignole asigna al orden toscano las siguientes proporciones: entablamento, 3 módulos y 6 minutos o 3 ½ módulos, de los cuales 1 módulo 4 minutos para la cornisa, 1 módulo 2 minutos para el friso y 1 módulo para el arquitrabe ; columnas, 14 módulos, de los cuales 12 para el fuste, 1 para la base y 1 para el capitel; pedestal, 4 módulos de 8 minutos, incluidos 3 módulos de 8 minutos para el troquel, 6 minutos para la base y 6 para la cornisa; disminuir desde la base hacia arriba, 6 minutos; intercolumna, 4 módulos 8 minutos. Lo que caracteriza especialmente al orden toscano es la ausencia de cualquier adorno.

Wiliam Preston dice: El toscano es el más simple y fuerte de los cinco órdenes. Fue inventado en Toscana, de donde recibe su nombre. Su columna tiene siete diámetros de alto; y su capitel, su base y su entablamento tienen pocas molduras. La simplicidad de construcción de esta columna la hace ideal donde la solidez es el objetivo principal y donde el ornamento sería superfluo.

Sólo a través de los historiadores sabemos de la existencia de este orden porque no ha sobrevivido ningún ejemplar de la antigua construcción toscana, excepto para compararlo con el orden palladiano [96].

---

[96]Wikipedia: <tinyurl.com/ordre-palladian>.

Iluminación de la construcción

¿Es un estilo considerado demasiado "estuartista" que los hannoverianos de la llamada Constitución de Anderson no lo conservaron entre los estilos de arquitectura?

11 EL OBELISCO, ¿UN MONUMENTO DE QUÉ TAMAÑO?

El significado de los obeliscos.

Asador para asar es lo que significa en griego la palabra *obéliskos,* **que dio origen a obelisco.** El origen del nombre nos dice la forma: una estaca para atravesar el animal a asar. Nuestro obelisco se ha enderezado y lo que atraviesa es el cielo, el espacio, es una flecha apuntada en dirección al centro inmutable de la luz: el sol; **él mismo se convierte en un rayo de sol.** El obelisco será íntimo de lo que **puede hacer** el sol. El sol da el tiempo, el que divide el día, el que repite las estaciones.

El sol mira la tierra y la mide. Interroguémoslo.
Di sol, ¿qué hora es?
El obelisco será **gnomon,** una aguja de reloj de sol gigante cuya sombra proyectada indica el tiempo; y cuanto más alto sea, más precisos serán los cálculos.
En la época de Edfu, entre Karnak y Asuán, construido por orden de Ptolomeo III y su hijo, se encuentra un famoso pilón, el sexto ^{que} desempeñaba la función de gnomon.

El emperador Augusto hizo construir uno en Roma, en el Campo de Marte, en el año 10 a.C. La esfera estaba formada por un obelisco de aproximadamente 22 metros de altura, traído desde Heliópolis. El obelisco sigue en Roma, pero en la plaza Montecitorio. Proyectaba una sombra sobre un semicírculo trazado sobre un pavimento de mármol en el suelo. No tenía graduación y la hora sólo estaba indicada por la posición del final de la sombra, identificada mediante líneas de tiempo. Este tipo de reloj de sol tiene una desventaja: el final de la sombra se vuelve borroso en condiciones de poca luz. Para remediar esto, los romanos colocaron una esfera en la parte superior del obelisco, que proyectaba una sombra más clara. Ya para Anaximandro (presocrático) la punta del gnomon es la imagen de la tierra flotando en el universo, como lo harán las catedrales. Serían los cascos volcados de la nave terrestre que se desliza por los cielos.

Di sol, ¿qué fecha es?

El obelisco será por supuesto **un meridiano.**
La imagen del Sol se proyecta cada día sobre la línea del meridiano a la hora del verdadero mediodía solar. Cada día, esta imagen cambia de lugar en la línea del meridiano y marca así la fecha. Las posiciones extremas se alcanzan en los solsticios. Un meridiano es, por tanto, un calendario natural.
En París existen dos meridianos históricos: uno, trazado según los cálculos de Gio Domenico Cassini por su hijo Jacques, se encuentra en el observatorio. El otro, iniciado por el relojero Henri Sully y terminado en 1743 por el astrónomo Charles Le Monnier, se encuentra en la iglesia de Saint Sulpice. Se trata de una franja de cobre de 40 metros de largo incrustada en el mármol: parte del crucero sur y continúa hasta un obelisco colocado contra

el crucero norte que recibe puntos de luz que indican los equinoccios. La línea de cobre establecida en 1727 representa el recorrido del rayo de sol que ingresa a la iglesia a través de un orificio ubicado en la ventana sur del crucero. El rayo termina su recorrido en su extremo norte sobre el obelisco, donde están dibujadas señales verticales. Dependiendo de la altura alcanzada por el rayo de sol sobre el obelisco pudimos determinar el equinoccio de primavera, el domingo de Pascua y la hora del mediodía. Este conjunto es lo que llamamos chaise longue.

Di sol, danos la medida de la tierra.
En griego, esta palabra gnomon designa aquello que comprende, decide, juzga, interpreta y distingue, regla que permite comprender. La construcción del reloj de sol representa la sombra y la luz natural interceptadas por esta regla, un dispositivo de conocimiento.
Fue con la ayuda de un obelisco (en este caso el faro de Alejandría construido alrededor del 300 a. C.) que Eratóstenes (fue nombrado jefe de la biblioteca de Alejandría), alrededor del 205 a. C., calcula la primera estimación de la circunferencia terrestre. El método utilizado por Eratóstenes es descrito por Cleomedes en su *Teoría circular de los cuerpos celestes.*

Utilizando la diferencia de inclinación de las sombras del Sol en el día del solsticio de verano. Eratóstenes sabe que en Siene, hoy Asuán en Egipto, el día del solsticio de verano, al mediodía, los rayos del sol caen verticalmente al suelo porque iluminan un pozo hasta su fondo. Al mismo tiempo, en Alejandría, ciudad situada aproximadamente en el mismo meridiano pero más al norte, el Sol no está en el cenit. El obelisco de esta ciudad proyecta una sombra muy mensurable hacia el Norte. Avec la verticale du lieu (la hauteur du phare), la longueur de l'ombre de l'obélisque permet de connaître l'angle que fait la direction du Soleil et par là même de déterminer celui que font les deux villes à partir du centre de la tierra. Para deducir el valor de un meridiano (circunferencia que pasa por los polos), " basta " que Eratóstenes estimara la distancia que separa las dos ciudades. Según el mito, un bematista [97]contaba entonces 5.000 estadios. El cálculo de proporcionalidad con un ángulo de 7,2 grados (el ángulo en el centro igual al calculado en la superficie según la propiedad de los ángulos alternos) y una medida de 157,5 metros para 1 *estadio* da 39375 km (el círculo tiene 360 ° el cálculo se establece de la siguiente manera: 5000x157,5/7,2x360) para comparar con los 40007,8 medidos actualmente.

Así el gnomon, al dar este paso de la luz a la oscuridad, dice que sabe. Esta idea está en estas palabras de Michel Serres: "Sí, la geometría lleva precisamente el nombre de su madre la tierra sobre la que se mide lo que cae del cielo. Marcado con la ayuda del gnomon, permanece en la sombra como un cimiento, como un cimiento excavado bajo la ciencia; La geometría dormía bajo la tierra o soñaba bajo el resplandor del sol. El gnomon de los antiguos griegos o babilonios lo fue despertando gradualmente a lo largo de las formas singulares comunes a la sombra y la luz. Esto es lo que

---

[97]Un bematista (del griego antiguo βηματιστής) es un topógrafo griego antiguo que medía la distancia entre dos puntos contando el número de pasos (en griego βῆμα / bêma); aquí en este caso los de un camello cuyos pasos tenían fama de ser iguales y regulares.

hizo Tales al desarrollar los fundamentos de la geometría en el siglo VI a. C., sobre todo a la sombra de la pirámide de Keops. Habiendo establecido una relación entre el tamaño de su propia altura y su sombra proyectada bajo el sol egipcio, y habiendo medido la longitud de la sombra de la pirámide, transpuso esta misma relación para calcular la medida de la altura de la pirámide. Esta relación que permite pasar de lo pequeño a lo grande, en la similitud de proporciones, se llama razón de homotecia ¿Quizás fue un palo clavado en la arena el que sirvió de medida? Tal vez fue Khafre o Mykerinos, lo que sea. Estamos, como Tales, a la sombra de todas las pirámides que, en una relación de homotecia, desde la sombra de un palo o desde nosotros mismos, estando en todas las luces, nos permiten calcular la inmensidad, traerla de vuelta a nuestra dimensión. o por el contrario para darnos la medida de lo mayor que nosotros.Somos geómetras porque entramos aquí.

El obelisco será la íntima representación simbólica del cielo y su inmensidad.

Por esto **En verticalidad,** el obelisco se asemeja a la gran familia de los menhires, se convierte en el vínculo entre el cielo y la tierra, el mediador entre el aquí abajo y el infinito, entre la finitud de la vida y la eternidad de la muerte. Por eso se erigirá el obelisco, como vínculo con las fuerzas cósmicas, a la entrada de templos y tumbas.

Para los egipcios, la cima del obelisco, llamado piramidión, suele estar recubierta de oro porque es la montaña cósmica, la colina primordial, la primera tierra surgida de las aguas sobre las que aterrizó el primer rayo de sol. Una idea análoga se atribuye a Hermes

Trismegisto para quien la cima piramidal simboliza la *palabra demiúrgica, el primer poder no generado pero surgido del padre y que gobierna todas las cosas creadas.* Esta es la razón por la que los obeliscos podían estar hechos de materiales preciosos : Tutmosis III (c. 1504 – c. 1450 aC) hizo construir dos obeliscos en electro macizo (metal que contiene un 75% de oro), que medían 6,50 m de alto y pesaban 32 toneladas cada uno.

A decir algunas palabras sobre el simbolismo del triángulo cuando es *de alguna manera una representación imaginaria de las metamorfosis de todos los aspectos del origen.* Para Pitágoras el triángulo significa la triple naturaleza de la primera sustancia diferenciada o la consustancialidad del Espíritu manifestado, de la materia y del Universo su hijo. Esta consustancialidad emana del punto, el verdadero Logos esotérico, así lo dice también Hermes Trismegisto.
Esta mónada trina es un triángulo equilátero. El vértice es el UNO; no el número sino la unidad que está en contacto con el vacío, el Aïn-sof de la gnosis hebrea, el Misterio de los Misterios (en aquellos tiempos aún no se había inventado el cero). La unidad contiene el 2 que es el primer número porque tiene que haber el 2 para que haya aumento o división, para que haya algo más y es este **algo otro** lo que nos permite decir que el 2 funda el 1 que luego se diferencia de la unidad incontable. **Con el 2, el 1 se separa de la unidad.** *Es en la manifestación del comienzo que el Uno se convierte en el número uno.*

Augusto explotará estos símbolos como parte de su propaganda personal. En efecto, como recuerda Valbelle: "Desde el reinado de Augusto, el transporte y la construcción en Roma de un obelisco heliopolitano dedicado al dios sol asocian estos monumentos característicos de la religión solar egipcia a una teología solar integrada en la 'ideología imperial'.

Sus sucesores no dejaron de hacer lo mismo. Caracalla convirtió a Isis en una deidad del estado romano. Nerón, admirador del despotismo oriental, mostró un gran interés por los símbolos egipcios y, en particular, por los obeliscos. Aureliano incluso adoptó al dios solar como dios supremo del Imperio. Finalmente, Constantino también hizo trasladar obeliscos de Egipto a Roma. Adornando plazas, templos, circos, edificios funerarios, el obelisco se convirtió en un elemento ornamental imprescindible de la antigua Roma.

El obelisco monumental se convierte en un informe esculpido y, naturalmente, se ubicará para celebrar acontecimientos significativos de un reinado.

Desde los albores de los tiempos, las representaciones figurativas del Rey en la capital, palacios y castillos han funcionado como escenificación de la monarquía.

Signos de poder que indican dónde reside **la autoridad,** estos signos participan en la representación política y sus avatares.

Como forma arquitectónica, la pirámide ya es un vestigio. Antes de cumplir cualquier función, antes de dar testimonio de lo que ocurrió allí donde se encuentra, se ofrece como monumento de sí mismo: memoria de la memoria o monumento dedicado a la memoria. La pirámide inscribe el lugar en el lugar, recuerda el lugar a su memoria de lugar. De ahí el favor que goza entre los arquitectos ante el encargo de una señal urbana.

Así, Cathala proyectó en 1790 una plaza de la Bastilla con una columna que "representaría los acontecimientos más interesantes del reinado de Luis XVI y de la Revolución.

Los bajorrelieves hablan de la toma de la Bastilla, la llegada del rey y la reina a París, el juramento de Su Majestad sobre la Constitución y la adhesión de las provincias a los decretos de la Asamblea. El 13 de julio del mismo año, Barère solicitó que se decretara construir un obelisco con las piedras de la Bastilla, donde estarían grabados los derechos humanos, la toma de la Bastilla y la Federación. Una delegación de artistas subió al podio en septiembre de 1791 para proponer que se construyera una columna en el Campo de la Federación, donde se grabarían las conquistas de la Libertad, mientras Mangin y Corbet sugerían iniciar sin más demora un monumento dedicado a los acontecimientos de la Revolución, "figurada bajo rasgos simbólicos".

El obelisco de Port Said, erigido en memoria de los mártires de la ciudad, todavía se encuentra en medio de una gran plaza. Está plantado sobre una inmensa base de 6 metros de altura decorada con bajorrelieves que representan las diferentes fases de la lucha popular contra el imperialismo: Revolución del 23 de julio de 1952, nacionalización de la antigua Compañía del Canal de Suez. En la base está grabado un verso del Corán.

Bajo el Directorio (gobierno de Francia de 1795 a 1799), las relaciones entre Estados Unidos y Francia se deterioraron. De 1798 a 1800 hubo una guerra marítima entre las dos grandes repúblicas con incautaciones de buques mercantes de ambos bandos. Tan pronto como le fue confiado el poder (diciembre de 1799), Bonaparte, admirador de los Estados Unidos (tenía un busto de George Washington en su despacho), trabajó para restablecer la paz y la amistad entre las dos naciones. Él invitó al presidente John A Dams a iniciar negociaciones de paz.

En consecuencia, Olivier Ellsworth, William Davie y William Vans-Murray llegaron a París el 2 de abril de 1800. Bonaparte supo aportar a las negociaciones todo su sentido común, su espíritu de justicia y su deseo de paz y así llegar a un acuerdo que recibió el título de "Convención de Mortefontaine" firmada el 30 de septiembre de 1800. Dos días después, el 2 de octubre de 1800, el Primer Cónsul dio una gran fiesta en Mortefontaine para conmemorarla.

Un obelisco extravagante, cuyo pedestal estaba decorado con alegorías que celebraban la unión de las Repúblicas americana y francesa, iluminaba sus alrededores.

Como arte dotado de una finalidad expresiva, el obelisco en Francia quiere señalar el poder absoluto de sus monarcas, quiere señalar su extensión.

Sin embargo, el culto al rey Luis Es porque este culto se convierte en una prioridad.

1 – hacia la posteridad (de ahí la importancia del obelisco que simboliza la fama eterna),

2 – hacia las clases altas (es muy raro encontrar una estatua del rey en un pueblo de esta nación de campesinos),

3 – hacia tribunales extranjeros.

Hambre, frío, epidemias, guerra además: éste es el origen de las grandes revueltas campesinas de los llamados Croquants, Nu-Pieds, Lustucrus, éste es el origen del descontento que retumba no sólo entre los protestantes, sino también entre los protestantes. aquellos cercanos al rey. Se encontraron en 1793 frente al obelisco piramidal de Vaise, para destruirlo porque este obelisco afirmaba necesariamente todo lo que se acaba de decir sobre los obeliscos.

Se dice que el masón se construye como un templo (de Salomón) o como una catedral.

Pero recordando estos versos extraídos de *Recueils d'Automne* de Victor Hugo : **¡Ay! Más grandeza contiene más nada / La bomba llega más bien al obelisco gigante / Que a la torre de las palomas,** ¿no sería más humilde si sólo se construyera como colmena?[98]

---

[98] Ver el primer capítulo *Colmena, abeja, cariño.*

SOBRE EL AUTOR

Editor Jacques-André
TU, Cartas de Pasión, 2001 (Premio Laure de Noves)

EDICIONES de La Hutte
Para iluminar el camino, Una aproximación filosófica a la masonería, 2011
Vocabulario del Aprendiz Masón, 2ª ᵉᵈᶦᶜᶦᵒ́ⁿ, 2012
Vocabulario del compañero masón, 2012
Vocabulario maestro masón, 2013
Dibujar elementos con regla y compás, La Concordancia Masónica, 2015
¿Qué significa cortar tu piedra ?, 2015

EDICIONES ledifice.net
Recogiendo lo que está disperso, 2020
Vocabulario del Aprendiz Masón, 3ª ᵉᵈᶦᶜᶦᵒ́ⁿ, 2020
Vocabulario del Compañero Masón, 2.ª ᵉᵈᶦᶜᶦᵒ́ⁿ, 2021

EDICIONES Ubik
una vez, Hiram, 2021
Gestos masónicos, 2021

EDICIONES numérilivre _
Huellas masónicas, el espíritu de la geometría, 2022

EDICIONES dervy
Diccionario Vagabundo de Pensamiento Masónico, 2017 (**premio literario del Instituto Masónico de Francia,** categoría Ensayos y Simbolismo)
Masón. Cómo pasar de lo profano a lo sagrado, 2023